Dr. Peter Nowotny

50 Höhen-Rundwanderungen

Tages- und Halbtagestouren mit Rückkehr zum Ausgangspunkt im Ost-, Ober- und Westallgäu, Kleinwalsertal, Tannheimer Tal und Jungholz

AVA VERLAG ALLGÄU

AVA Verlag Allgäu · Postfach 31 53 · 87440 Kempten/Allgäu

Impressum

Herausgeber: AVA Verlag Allgäu GmbH
Postfach 31 53
87440 Kempten/Allgäu
Telefon: 08 31 / 571 42-0
Telefax: 08 31 / 790 08
Internet: www.ava-verlag.de

Redaktion: Nadja Sigulla

Layout: Michael Berkmiller / Kurt Michel

Anzeigenleitung: Thomas Busse, AVA Verlag Allgäu
Tel.: 08 31 / 571 42-42

Titelbild: Dr. Peter Nowotny

Texte: Dr. Peter Nowotny
Fotos: Archiv, Dr. Peter Nowotny

Kartenskizzen: Wurden ausschließlich aus Zumstein-Wander- und Radkarten entnommen.

Satz + Litho: AVA Verlag Allgäu GmbH
Porschestraße 2
87437 Kempten/Allgäu

Herstellung: KKW-Druck GmbH
Porschestraße 2
87437 Kempten/Allgäu

ISBN-Nr.: 3-924809-66-6

Die Ausarbeitung aller in diesem Führer beschriebenen Touren erfolgte nach bestem Wissen und Gewissen des Autors. Die Benützung des Führers geschieht auf eigene Gefahr. Soweit gesetzlich zulässig, wird keine Haftung für etwaige Unfälle und Schäden jeder Art aus einem Rechtsgrund übernommen.

Vorwort

Dr. Nowotny

Vorwort und Erläuterungen

Liebe Wanderfreunde! Der vorliegende Führer umfasst 50 ausgesuchte Höhen-Rundwanderungen im Allgäu, in Tirol und in Vorarlberg. Das Vor-Wort »Höhen« drückt dabei aus, dass es sich um Touren handelt, die nicht im Tal verlaufen, sondern in Bergregionen.

Das wiederum bedeutet, dass man sich in Kleidung, Schuhen und Verpflegung darauf einstellen muss, und auch die Mitnahme von kleineren Kindern sollte ab Touren der Kategorie »2 und 3 Stiefel« wohl überlegt werden. Außerdem ist der Wettervorhersage besondere Aufmerksamkeit zu widmen. Ziel dieses Führers war es, solche Touren anzubieten, bei denen man nicht übernachten muss und am Ende wieder beim Ausgangsort ankommt. Es handelt sich um Halb- oder Ganztagestouren. Die Länge ist jeweils im Vorspann in Form von Stunden angegeben. Bitte beachten Sie folgende Erläuterungen:

Kategorie:
Insgesamt werden 3 »Stiefel« vergeben.
1 Stiefel: Leichte Wandertouren, die von Länge, Höhenunterschied und Schwierigkeiten von jedem absolviert werden können, der 3 bis 5 Stunden wandern kann.
2 Stiefel: Touren, die zwischen 4 und 6 Stunden dauern, zwischen 300 und 800 Höhenmeter aufweisen können und eine gewisse Trittsicherheit verlangen.
3 Stiefel: Touren, die mehr als 6 Stunden dauern und mehr als 800 Höhenmeter aufweisen können sowie Ausdauer und Trittsicherheit benötigen. Manche Runden wurden dazwischen eingestuft. Heißt es etwa »2 bis 3 Stiefel«, dann ist die Tour eben etwas mehr als 2 Stiefel »schwer«.

Routenverlauf:
Die Route wird dabei in ihrem Verlauf skizziert, so dass man sich orientieren kann, in welche Richtung sie führt. Dabei werden aber nicht alle Orte angegeben, die man erreicht.

Höhenunterschied:
Die angegebenen Höhenunterschiede dienen zur besseren Einschätzung der vorgeschlagenen Runde. Wandergewohnte Menschen schaffen etwa 350 bis 400 Höhenmeter in einer Stunde. Dabei kommt es aber auf die Länge des Weges mit an. Die Meterzahlen sind als Ca.-Angaben zu verstehen.

Zeitaufwand:
Hier bitte ich folgendes unbedingt zu beachten: Ich

erhalte manchmal Zuschriften von Lesern, die mir mitteilen, sie hätten bei der Wanderung mehr oder aber weniger Zeit gebraucht, als ich angegeben hätte. Das ist durchaus möglich, denn jeder Mensch hat ein anderes Gehtempo. So sind die Zeiten absolut nur als Durchschnittszeiten zu verstehen, und zwar **ohne Pausen** !!! Dies ist bei der Planung der Tour zu berücksichtigen!

Einkehrmöglichkeiten:
Es sind nur die Einkehrmöglichkeiten angegeben, die unterwegs zu finden sind. Selbstverständlich gibt es in allen Ausgangsorten Gasthäuser, die natürlich nicht alle aufgezählt werden konnten. Bitte beachten Sie: Es sind viele Alphütten erwähnt, die Brotzeiten und Getränke oder warme Speisen abgeben. Diese sind aber nicht ganzjährig geöffnet! Meistens werden sie etwa zwischen Juni und September bewirtschaftet. Daher sollte man sich vor jeder Tour nach den aktuellen Öffnungszeiten erkundigen!

Auskünfte:
Hier werden hauptsächlich die Verkehrsämter, Gästeämter oder Kurverwaltungen aufgezählt und mit ihrer Telefonnummer erwähnt. Wo Bergbahnen oder andere Institutionen integriert sind, werden auch deren Telefonnummern angegeben.

Kartenmaterial:
Die beliebten Zumstein Wanderkarten, jetzt vom AVA Verlag in Kempten neu überarbeitet und herausgegeben, sind dank ihres günstigen Maßstabes ein idealer Begleiter für unterwegs! Sie werden spätestens alle 2 Jahre neu recherchiert und mit Hilfe der Verkehrsämter auf den neuesten Stand gebracht.
Tourenbeschreibung:
Auf Grund des zur Verfügung stehenden Platzes – es sollen ja noch Bild und Kartenausschnitt aufgenommen werden – kann die jeweilige Tour nicht bis in die letzten Details beschrieben werden. Man kann ihr jedoch Verlauf, Be-sonderheiten und evtl. Schwierigkeiten entnehmen, was in den allermeisten Fällen ausreichend sein dürfte.
Als langjähriger Autor von Allgäu-Sachbüchern und Führern und als Bergsteiger habe ich die vorliegenden Höhen-Rundwanderwege sorgfältig recherchiert. Sollte es im Einzelfall einmal Abweichungen geben, was vorkommen kann, so bitte ich dies mir oder dem AVA Verlag in Kempten mitzuteilen, damit es in der nächsten Ausgabe berüksichtigt werden kann. Für Hinweise oder neue Vorschläge danke ich im Voraus. Weder der AVA Verlag in Kempten noch ich können für die Richtigkeit der beschriebenen Touren Garantie in irgendeiner Form übernehmen. Die Durchführung geschieht stets auf eigene Gefahr.
Das Allgäu und seine Nachbarn Tirol und Vorarlberg gehören zu den schönsten Urlaubsregionen Deutschlands und Österreichs. Hier zu wandern wird den Aufenthalt unvergeßlich machen. Die beschriebenen Höhen-Rundwanderungen können sicher dazu beitragen.

Peter [Unterschrift]

Inhaltsverzeichnis

Seite

Ostallgäu

Füssen

1 Füssen - Alatsee - Neue Salober Alpe - Grenzübertritt - Ländenweg - Füssen 14

2 Hopfen am See - Alpe Beichelstein - Koppenkreuz - Hopfen am See 16

Halblech

3 Busfahrt zur Kenzenhütte - Bäckenalmsattel - Grubenkopf - Roßstallhütte - Reiselbergbrücke - Zustieg Bus oder Wanderung zum Parkplatz 18

4 Buching - Auffahrt Doppelsesselbahn - Leiterau - Reiselbergbrücke - Halblechtal - Buching 20

Nesselwang

5 Nesselwang Parkplatz Alpspitzbahn - Maria Trost - Sportheim Böck - Edelsberg bzw. Alpspitz-Enzianstüble - Sommerrodelbahn - Parkplatz 22

6 Nesselwang - Auffahrt Alpspitzbahn - Kappeler Alpe - Hündeleskopf - Kappel - Nesselwang 24

Pfronten

7 Parkplatz Breitenbergbahn - Auffahrt - Breitenberg - Fallmühle - Parkplatz 26

8 Parkplatz Breitenbergbahn - Meilingen - König-Ludwig-Weg - Falkenstein - Mariengrotte 30

Schwangau

9 Parkplatz Tegelbergbahn - Auffahrt - Kleine Bleckenau-Runde 32

10 Parkplatz Tegelbergbahn - Auffahrt - Große Bleckenau-Runde 34

Seite

Oberallgäu

Bolsterlang

11 Parkplatz Hörnerbahn - Auffahrt - Berghaus Schwaben - Riedberger Horn - Alpe Zunkleiten-Bolsterlang 36

Fischen

12 Fischen - Schöllang - Im Sitzel - Reichenbach - Widdum - Fischen 38

13 Fischen - Sägemühle - Freibad - Hirschsprung - Sturmannshöhle - Obermaiselstein - Oberdorf - Maderhalm - Fischen 40

Gunzesried

14 Gunzesrieder Säge - Ostertal - Alpe Höllritzen - Mittelbergalpe - Gunzesrieder Säge 42

Bad Hindelang

15 Parkplatz Hornbahn - Auffahrt - Imberger Horn - Alpe Mitterhaus - Parkplatz 44

16 Bad Hindelang - Hirschberg - Steinköpfle - Café Polite - Bad Hindelang 46

Immenstadt

17 Immenstadt Parkplatz Mittagbahn - Auffahrt - Steineberg - Stuiben - Alpe Gund - Steigbachtal - Immenstadt 50

18 Bühl Parkplatz Alpseebad - Zaumberg - Siedelalpe - Alpe Schönsreuthe - Alpseewies - Parkplatz 52

19 Immenstadt - Steigbachtal - Seifenmoos - Naturfreundehaus - Alpe Gschwenderberg - Immenstadt 54

Oberstaufen

20 Steibis - Imbergbahn Auffahrt - Kojen - Hörmoos - Busabfahrt nach Steibis 56

Seite

Oberallgäu

Oberstaufen

21 Hündle Bahn - Auffahrt - Hinteregg - Buchenegger Wasserfälle - Buchenegg - Parkplatz 58

Oberstdorf

22 Oberstdorf - Oytalhaus - Lugenalpen - Gerstruben - Oberstdorf 60

23 Oberstdorf - Nebelhornbahn Bergstation - Laufbachereck - Himmeleck - Oytal - Oberstdorf 62

24 Oberstdorf - Gerstruben - Älpelesattel - Oytal - Oberstdorf 66

25 Oberstdorf - Fellhornbahn Gipfelstation - Söllereck - Oberstdorf 68

26 Oberstdorf - Wallraffweg - Gaisalpe - Reichenbach - Weg 11 - Oberstdorf 70

Ofterschwang

27 Ofterschwang - Buchenschwand Alpe - Ofterschwanger Horn - Panoramaweg - Allgäuer Berghof - Ofterschwang 72

Rettenberg

28 Rettenberg - Alpe Kammeregg - Grünten - Grüntenhütte - Rettenberg 74

29 Rettenberg - Bommen - Hinterberg - Falkenstein - Pavillon - Rettenberg 76

Sonthofen

30 Sonthofen - Staig - Breiten - Bildstöckle - Vorderhindelang - Reckenberg - Tiefenbach - Sonthofen Staig 78

31 Imberg - Straußberg - Alpe Sonthofener Hof - Löwenbachtobel - Imberg 80

Seite

Oberallgäu

Tiefenbach (Oberstdorf)

32 Rohrmoos - Alpe Dinigörgen - Piesenkopf - Neue Piesenalpe - Rohrmoos 82

33 Tiefenbach - Breitachklamm - Hinterenge - Sesselalpe - Tiefenbach 84

Wertach

34 Parkplatz Königssträßle - Alpe Schnitzlertal - Wertacher Hörnle - Kalbel Alpe - Parkplatz 86

35 Wertach - Binzeler - (Brosiselleg) Gereute - Oberelleg - Wertach 88

Westallgäu

Grünenbach

36 Parkplatz Eistobelbrücke - Eistobel - Riedholzer Kugel - Riedholz - Parkplatz 92

Lindenberg

37 Lindenberg - Reithalle - Blasenberg - Scheidegg - Wasserfälle - Allmannsried - Waldsee - Lindenberg 94

Maierhöfen

38 Maierhöfen - Riedholz - Simmerberg - Hengelesweiher - Wolfsbühl - Scharfentöbele - Maierhöfen 96

Scheidegg

39 Scheidegg - Buflingsried - Böserscheidegg - Ablers - Forst - Unterstein - Ebenschwand - Scheidegg 98

Seite

Kleinwalsertal

Kleinwalsertal

40	Riezlern - Hörnlepaß - Fuchsloch - Außerschwende - Riezlern	100
41	Bödmen - Gemsteltal - Rund um den Widderstein - Bärgunttal - Baad - Bödmen	102
42	Auenhütte - Ifenhütte - Hoher Ifen - Schwarzwassertal - Auenhütte	104
43	Mittelberg - Wildental - Fluchtalpe - Wannen Alpe - Innerkuhgehren - Mittelberg	106
44	Mittelberg - Zafernalift - Naturlehrpfad - Stutzalpe - Baader Höhenweg - Mittelberg	110

Tannheimer Tal

Tannheimer Tal

45	Grän - Füssener Jöchle - Gräner Höhenweg - Aggenstein - Grän	112
46	Tannheim - Neunerköpfle - Obere Strindenalpe - Haldensee - Tannheim	116
47	Tannheim - Einstein - Gasthof Zugspitzblick - Zöblen - Tannheim	118
48	Tannheim - Kienzen - Alpe Älpele - Feldalm - Vilsalpsee - Tannheim	120
49	Nesselwängle - Gimpelhaus - Tiefjoch - Hahnenkamm - Nesselwängle	122

Jungholz

Jungholz

50	Jungholz - Sorgschrofen - Hintere Sorgalpe - Jungholz	124

ZEICHENERKLÄRUNG

 **= leicht** **Kategorie: 1 Stiefel**

 **= mittelschwer** **Kategorie: 2 Stiefel**

 **= schwer** **Kategorie: 3 Stiefel**

Großer Krottenkopf
Mädelegabel
Marchspitze
Urbeles-
karspitze
Fürschießer
Trettachspitz
Hochvogel
Großer Wilder
Trettachtal
Spielmannsau
Rauhhorn
Gaißhorn
Vilsalp-
see
15
Hindelang
Kellen-
spitze
Gimpel
Aggen-
stein
16
Rote Flüh
Tannheim
46
Tannheimer
Tal
Sorgschrofen
47
48
49
50
Halden-
see
45
Jungholz
Breitenberg
Pfronten-
Kappl
7
8
Falkenstein
Alatsee
Neuschwan-
stein
1
Pfronten
Füssen
Weißensee
Schwangau
9
10
Bannwald-
see
Hopfen
am See
4
2
Buching
Forggensee
3
Markt-
oberdorf
Kaufbeuren

bersicht

Biberkopf
Widderstein
Höferspitze
Hoher Ifen
Kanisfluh
Gottesacker-gebiet
41
42
43
Mittelberg
40
44
Riezlern
Riedberger Horn
Lindau
24
25
22
Oberstdorf
33
32
Balderschwang
Tiefenbach
26
Hochgrat
Scheidegg
39
13
11
Bolsterlang
Rindalphorn
Weiler
12
Fischen
20
Steibis
Linden-berg
30
27
Ofterschwang
Immenstädter Horn
31
Sonthofen
21
14
Oberstaufen
ünten
Gunzesried
19
17
18
Alpsee
35
28
Rettenberg
Immenstadt
Wertach
34
29
Bühl
Grünen-bach
Grüntensee
36
Maier-höfen
6
Oy-Mittelberg
38
Iwang
Isny
Kempten
Kemptner Wald
Leutkirch
Ober-günzburg
Memmingen

Tour 1 Füssen

Kategorie	**1 Stiefel**
Routenverlauf	**Füssen Parkplatz Bad Faulenbach – Faulenbacher Tal – Alatsee – Salober Alpe – Vils-Ländenweg – Bad Faulenbach**
Höhenunterschied	**Insgesamt ca. 300 m**
Zeitaufwand	**Ohne Pausen ca. 4 1/2 bis 5 Std.**
Einkehrmöglichkeiten	**Hotel Alatsee, Salober Alpe, Vilser Gasthöfe, Restaurants und Cafés in Bad Faulenbach, Aktuelle Öffnungszeiten erkunden!**
Auskünfte	**Tourist-Information Füssen, Tel. 0 83 62/9 38 50,**
Kartenmaterial	**Zumstein Wanderkarte Nr. 1, »Füssen«, M 1:30 000, AVA Verlag, Porschestraße 2, 87437 Kempten**

Die westlich von Füssen liegende Landschaft gehört zu den schönsten Wandergebieten der Region. Eine lohnende Rundwanderung hat den Alatsee und die Salober Alpe zum Ziel. Man parkt in Bad Faulenbach und wandert die Alatseestraße durch das Faulenbacher Tal nach Westen. Sie verläuft auf der Nordseite des Faulenbaches. Hinter dem Obersee kann man auf das Südufer wechseln. Dieser Waldweg mündet dann etwas später wieder in die ursprüngliche Straße ein, auf der man jetzt weiter zum Hotel Alatsee läuft. Der wunderschöne kleine Alatsee (865 m) liegt wie ein Auge in der Landschaft und kann einfach umrundet werden. Von seiner Nordseite führt ein Weg hinauf zur Salober Alpe (1089 m), die

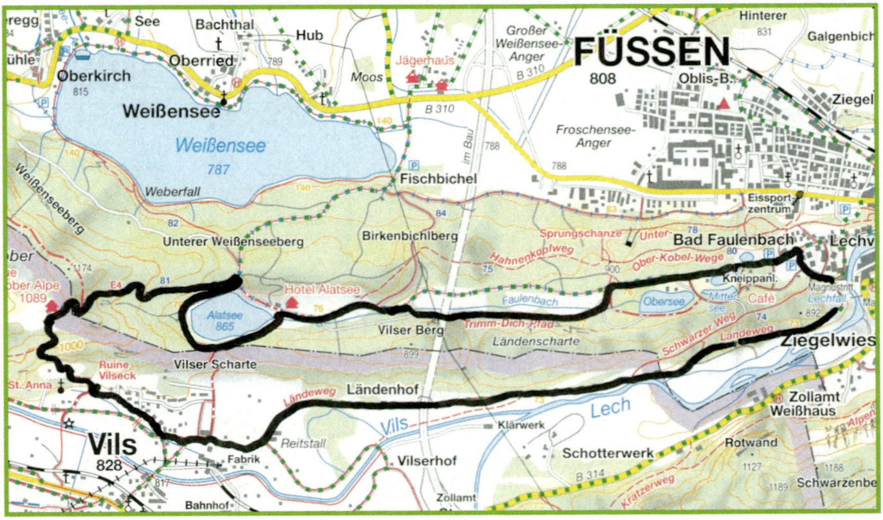

Alatsee

bereits in Tirol liegt, und von der man eine hübsche Aussicht hat. Den Rückweg wählt man nun über Vils, das nach etwas steilem Abstieg in 30 bis 40 Minuten erreicht wird. Man braucht aber die Vils nicht zu überqueren, sondern folgt dem sog. »Ländenweg«, der sich nordöstlich haltend nach Bad Faulenbach zurückführt, wobei der Lechfall noch mit berührt wird. Vor Vils sind die St.-Anna-Kapelle und die Burgruine Vilseck sehenswert.

Tour 2

Füssen

Kategorie	**1 Stiefel**
Routenverlauf	**Hopfen am See – Lettenbichel Rundweg – Riedener Wald – Langegg – Alpe Beichelstein – Riedener Wald – Koppenkreuz – Hopfen am See**
Höhenunterschied	**Ca. 250 m**
Zeitaufwand	**Bis zur Alpe Beichelstein etwa 2 1/2 Std. Rückweg: 3 Std.**
Einkehrmöglichkeiten	**Alphütte Beichelstein, Hopfen am See Aktuelle Öffnungszeiten erfragen!**
Auskünfte	**Tourist-Information Füssen, Tel. 0 83 62/9 38 50, Kurverwaltung Hopfen am See, Tel. 0 83 62/74 58, Verkehrsamt Seeg, Tel. 0 83 64/98 30 33**
Kartenmaterial	**Zumstein Wanderkarte Nr. 1, »Füssen«, M 1:30 000, AVA Verlag, Porschestraße 2, 87437 Kempten**

Hopfensee

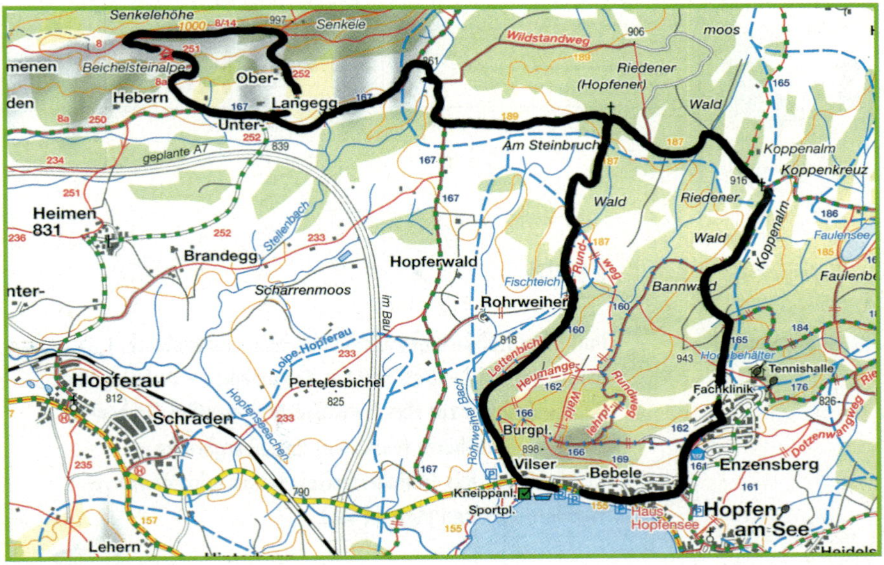

Ausgangspunkt zu dieser schönen Rundwanderung ist der Parkplatz am nördlichen Ufer des Hopfensees im Ort Hopfen am See. Man wendet sich in einem Bogen westlich um den Burgplatz (898 m) herum und folgt nun nordwärts dem »Lettenbichel Rundweg«, bis dieser nach etwa 2,2 km eine scharfe Rechtsbiegung macht. Geradeaus geht es durch den Riedener Wald bis zu einer Querstraße weiter, die von Rieden her kommt. Ihr folgt man nach links, überschreitet den Stellenbach und hält sich wiederum links Richtung Langegg. Nachdem man den Ort durchschritten hat, biegt man kurz danach auf einer Alpstraße rechts ab und folgt ihren Kurven hinauf zur Alpe Beichelstein (950 m). Diese zählt zu den herausragenden Aussichtspunkten im Ostallgäu! Man kann gemütlich einkehren und das Panorama mit Hopfensee, Füssen und Alpen genießen. Der Rückweg führt zunächst auf den kleinen Höhenrücken nördlich der Alpe, dann östlich über Ober-Langegg zum Ort Langegg hinunter, wo man sich linksab wendet und auf dem Herweg bis zur Einmündung des Stichweges vom Lettenbichel Rundweg zurück wandert.

Dort aber geht man geradeaus weiter Richtung Rieden und erreicht das sog. »Koppenkreuz« an einer Weggabelung. Hier wendet man in südlicher Richtung und erreicht nach etwa 1,5 km die Fachklinik Enzensberg und danach wieder den Ausgangsort Hopfen am See. Diese Rundwanderung bietet einsame Wege, eine herrliche Aussicht und viel Natur.

Tour **3**

Halblech

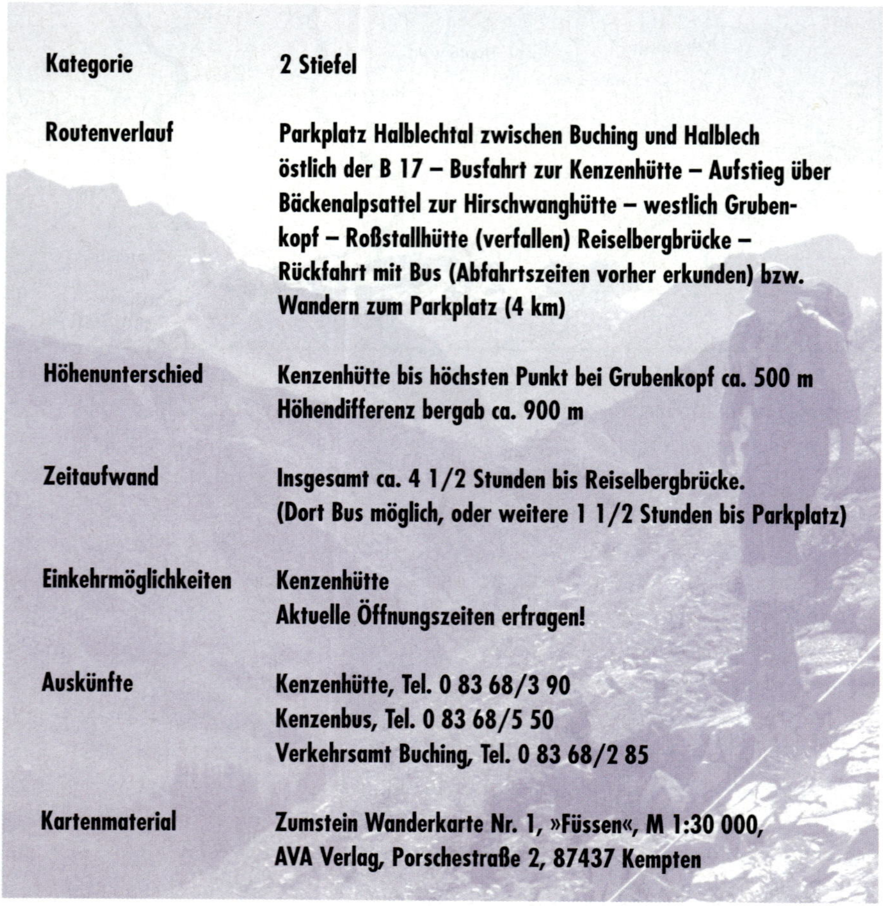

Kategorie	**2 Stiefel**
Routenverlauf	**Parkplatz Halblechtal zwischen Buching und Halblech östlich der B 17 – Busfahrt zur Kenzenhütte – Aufstieg über Bäckenalpsattel zur Hirschwanghütte – westlich Grubenkopf – Roßstallhütte (verfallen) Reiselbergbrücke – Rückfahrt mit Bus (Abfahrtszeiten vorher erkunden) bzw. Wandern zum Parkplatz (4 km)**
Höhenunterschied	**Kenzenhütte bis höchsten Punkt bei Grubenkopf ca. 500 m Höhendifferenz bergab ca. 900 m**
Zeitaufwand	**Insgesamt ca. 4 1/2 Stunden bis Reiselbergbrücke. (Dort Bus möglich, oder weitere 1 1/2 Stunden bis Parkplatz)**
Einkehrmöglichkeiten	**Kenzenhütte Aktuelle Öffnungszeiten erfragen!**
Auskünfte	**Kenzenhütte, Tel. 0 83 68/3 90 Kenzenbus, Tel. 0 83 68/5 50 Verkehrsamt Buching, Tel. 0 83 68/2 85**
Kartenmaterial	**Zumstein Wanderkarte Nr. 1, »Füssen«, M 1:30 000, AVA Verlag, Porschestraße 2, 87437 Kempten**

Das Gebiet des Halblechtales gehört zu den großen, noch immer einsamen Wandergebieten des Ostallgäus. Da die Entfernung bis zum allgemeinen Ausgangspunkt Kenzenhütte zum Laufen zu weit wäre, nimmt man den Bus, der ab Parkplatz (siehe Routenverlauf) dorthin fährt. (Busfahrzeiten aufschreiben für Rückkehr). Die Kenzenhütte (1285 m) ist voll bewirtschaftet und dient den Wanderern als vielseitiger Ausgangspunkt. Von hier folgt man dem Weg hinauf zum Bäckenalpsattel (1536 m), biegt dort links ab und steigt teilweise etwas steiler hinauf zur aussichtsreich gelegenen Hirschwangalpe (1713 m). Bis hierher ist man auf dem Weg zur Großen Klammspitze, die weiter östlich herüberschaut. Ein Stückchen östlich der Alphütte biegt ein Weg links ab, der westlich am Grubenkopf (1839 m) vorbeizieht. Bei dieser Gelegenheit ist der Gipfel leicht mitzunehmen (Umweg ca. 1 Stunde). Nun geht es steil hinab in ein Tal. Die verfallene Roßstallhütte bleibt links liegen und man steigt weiter in Richtung Lobental abwärts, bis man am Zusammenfluß von Lobentalbach und Röthenbach das Halblechtal erreicht. Hier gibt es eine Möglichkeit den talausfahrenden Bus zu erwischen, sonst wären es nochmals etwa 1 1/2 Stunden zu Fuß.

Kenzengebiet

Tour **4**

Halblech

Kategorie	**1 Stiefel**
Routenverlauf	**Auffahrt mit Doppelsesselbahn in Buching – Leiterau – Lobental – Reiselbergbrücke – Halblechtal – Buching**
Höhenunterschied	**Bergauf kaum nennenswert, bergab ca. 350 m**
Zeitaufwand	**Ab Bergstation ca. 3 Stunden (8 km)**
Einkehrmöglichkeiten	**Gasthof an der Bergstation, Gasthöfe in Buching. Aktuelle Öffnungszeiten erfragen!**
Auskünfte	**Bergbahn, Tel. 0 83 68/9 12 50 Kenzenbus, Tel. 0 83 68/5 50 Kenzenhütte, Tel. 0 83 68/3 90 Verkehrsamt Buching, Tel. 0 83 68/2 85**
Kartenmaterial	**Zumstein Wanderkarte Nr. 1, »Füssen«, M 1:30 000, AVA Verlag, Porschestraße 2, 87437 Kempten**

Nach der Auffahrt mit der Doppelsesselbahn auf den Buchenberg (1142 m) mit letzter Einkehrmöglichkeit dieser Wanderung auf der Buchenbergalm wendet man sich über den markierten Weg zur Ebene und Richtung Leiterau, wobei es bis ins Lobenbachtal viel durch Wald geht. Die Hütte vor dem letzten Abstieg dorthin ist eine Diensthütte und nicht für eine Einkehr vorzusehen. Den Lobentalbach erreicht man etwa bei 1000 m Meereshöhe und wandert ihn nun in nördlicher Richtung abwärts, wobei er nach Überquerung einer Brücke zur Linken fließt. Das Tal ist eng eingeschnitten und mündet bei der Reiselbergbrücke in das Tal des Halblechs. Hier wendet man sich flußabwärts, bleibt zunächst auf der linken Seite des Halblechs,

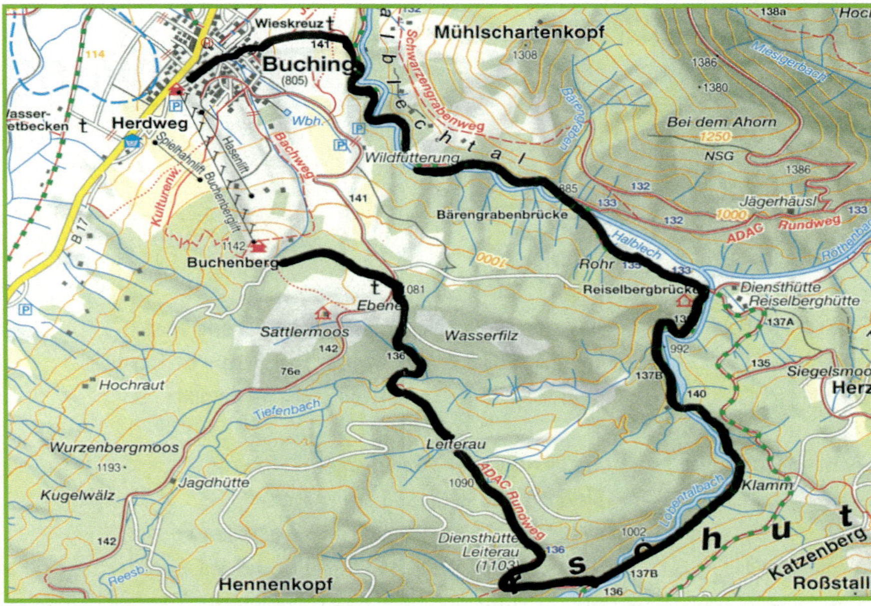

Buching – Illasbergsee

muss aber nach etwa 1 km über die Bärengrabenbrücke die Seite wechseln. Kurz nachdem man wieder auf die linke Seite gequert ist, biegt man westlich ab und wandert über das Wieskreuz nach Buching zurück. Die Wanderung ist einfach und hält sich von der Länge her in machbaren Grenzen. Man sollte sich etwas zu Essen und Trinken mitnehmen.

Tour **5**

Nesselwang

Kategorie	**2 Stiefel**
Routenverlauf	**Nesselwang Parkplatz Alpspitzbahn – Maria Trost – Sportheim Böck – Alpspitz oder Edelsberg – Enzianstüble – Kronenhütte – Sommerrodelbahn – Parkplatz**
Höhenunterschied	**Mit Besteigung des Edelsberges, 750 m** **Bis Sportheim Böck, 580 m**
Zeitaufwand	**Ohne Gipfel ca. 4 Std. Mit Gipfel ca. 1,5 Std. dazu**
Einkehrmöglichkeiten	**Sportheim Böck, Enzianhütte, Kronenhütte** **Aktuelle Öffnungszeiten erfragen!**
Auskünfte	**Gästeinformation Nesselwang, Tel. 0 83 61/92 30 40** **Alpspitzbahn, Tel. 0 83 61/7 71**
Kartenmaterial	**Zumstein Wanderkarte Nr. 2, »Nesselwang«, M 1:30 000, AVA Verlag, Porschestraße 2, 87437 Kempten**

Wanderung bei Nesselwang

Man wandert vom Parkplatz an der Alpspitzbahn östlich und erreicht bald einen Kreuzweg, der zu der bekannten Marienwallfahrtskirche »Maria Trost« hinaufführt. Der Aufstieg ist zwar einfach, doch muss man dabei 240 Höhenmeter zurücklegen. Zwischendurch gibt es immer wieder schöne Ausblicke ins Ostallgäuer Voralpenland. Nach der Besichtigung der schönen Kirche folgt man dem Weg weiter bergauf und erreicht nach weiteren 350 Höhenmetern das Sportheim Böck, das bewirtschaftet ist. Hier kann man sich dann entscheiden: die beiden Berge Alpspitz (1575 m) und Edelsberg (1630 m) sind mit jeweils schönen Aussichten bald erreichbar. Der Abstieg führt dann an der Alpspitzbahntrasse hinab zur Mittelstation (1194 m), wo das Enzianstüble zur Einkehr verlockt oder etwas weiter bergab die Kronenhütte (1120 m). Ist das Wetter trocken, sollte man unbedingt mit der Sommerrodelbahn ins Tal abfahren, ein Vergnügen für Jung und Alt!

Man kann auch von der Bergstation der Bahn bis zur Mittelstation hinabfahren, dort aussteigen und zur Rodelbahn gehen.

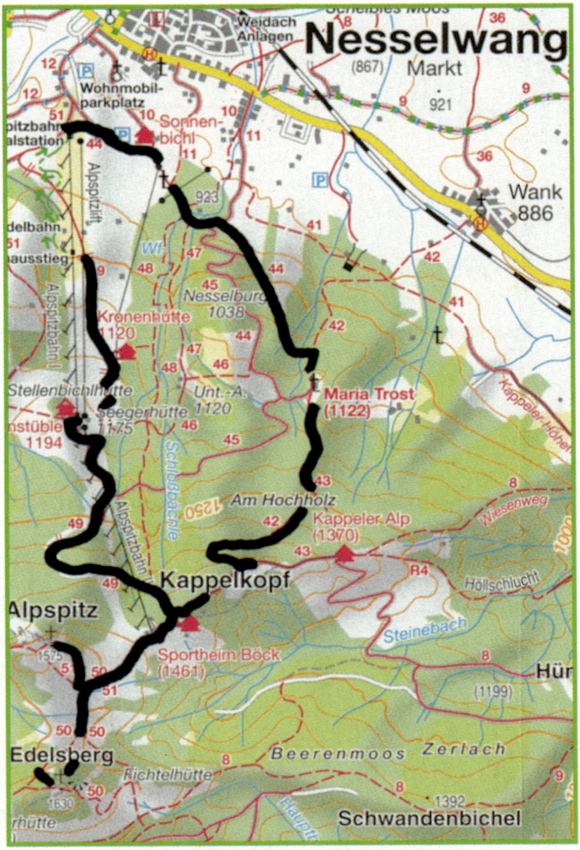

Nesselwang – Alpspitz

Tour **6**

Nesselwang

Kategorie	**1 Stiefel**
Routenverlauf	**Parkplatz Alpspitzbahn – Auffahrt bis Bergstation – Abstieg zur Kappeler Alpe – Weiter über den Hündeleskopf bis Pfronten-Kappel – kurz davor am Kappeler Höhenweg links abbiegen – Nesselwang**
Höhenunterschied	**Bergauf nicht nennenswert, Bergab etwa 620 m**
Zeitaufwand	**Ab Bergstation der Bahn 3 Stunden, mit Aufstieg zu Fuß etwa 2 Stunden mehr**
Einkehrmöglichkeiten	**Sportheim Böck, Kappeler Alpe, Hündeleskopfhütte Aktuelle Öffnungszeiten erfragen!**
Auskünfte	**Gästeinformation Nesselwang, Tel. 0 83 61/92 30 40 Alpspitzbahn 0 83 61/7 71**
Kartenmaterial	**Zumstein Wanderkarte Nr. 2, »Nesselwang«, M 1:30 000, AVA Verlag, Porschestraße 2, 87437 Kempten**

Nach Auffahrt mit der Bahn wendet man sich östlich und erreicht gleich das Sportheim Böck (1461 m). Der Weg führt nun weiter östlich hinab zur schön gelegenen Kappeler Alpe (1370 m), die ebenfalls bewirtschaftet ist. Besonders hübsch ist von hier die Aussicht auf das Füssener Voralpenland mit dem Forggensee. Ab der Alpe kann man zwei Routen zum Abstieg wählen: Entweder über den Alpenweg zur Hündeleskopfhütte (bew.) oder aber durch die Höllschlucht, was ebenfalls

Kappeler Alpe

recht reizvoll ist. Dieser Weg ist etwas kürzer, aber steiler. Kurz bevor man den Ort Pfronten-Kappel erreicht, kreuzt man den Kappeler Höhenweg. Ihm folgt man jetzt nach Westen und erreicht an der Sprungschanze vorbei wieder Nesselwang. Der Parkplatz ist nun leicht zu finden. Diese Tour bietet eine besonders schöne Aussicht in das Ostallgäuer Voralpenland mit seinen Seen und Bergen.

Tour 7

Pfronten

Kategorie	**2 Stiefel**
Routenverlauf	**Pfronten Parkplatz Breitenbergbahn – Auffahrt zur Bergstation – Breitenberg Gipfel – Fallmühle – Pfronten**
Höhenunterschied	**Bergauf ab Bergstation: 340 m** **Bergab: 970 m**
Zeitaufwand	**5 1/2 Stunden**
Einkehrmöglichkeiten	**Berghaus Allgäu, Hochalphütte, Ostlerhütte, Gasthaus Fallmühle (Do. Ruhetag) Hütten Betriebsferien wie Breitenbergbahn** **Aktuelle Öffnungszeiten erfragen!**
Auskünfte	**Kur- und Verkehrsamt Pfronten, Tel. 0 83 63/6 98 88** **Breitenbergbahn, Tel. 0 83 63/58 20**
Kartenmaterial	**Zumstein Wanderkarte Nr. 2, »Pfronten«, M 1:30 000, AVA Verlag, Porschestraße 2, 87437 Kempten**

Breitenbergbahn

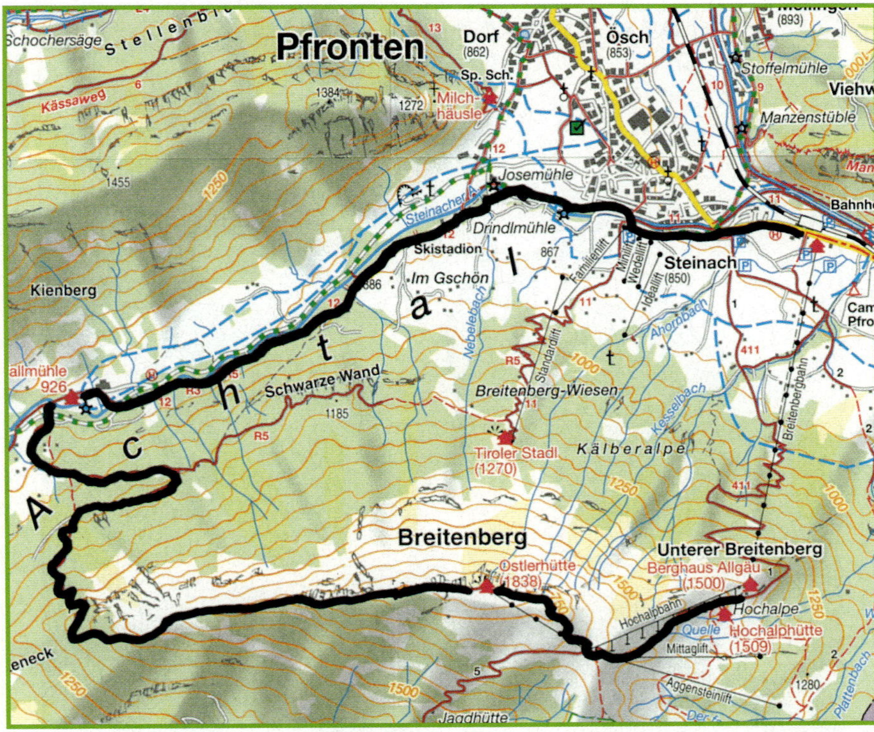

Von der Bergstation der Breitenbergbahn wendet man sich auf dem ausgeschilderten Weg zur Bergstation der Hochalpbahn. Der Weg führt parallel zur Sesselbahn. Dort steigt man über einen steileren Wegabschnitt zum Gipfel des Breitenberges (1838 m) empor, wo man nicht nur eine herrliche Aussicht hat, sondern in der Ostlerhütte auch entsprechend einkehren kann. Der Blick ins das Tal um Pfronten und auf die Bergwelt ringsum ist so bemerkenswert, dass man diese Runde einfach machen muss! Der Abstieg folgt dann dem Bergrücken nach Westen hinab ins Engetal, wobei der Weg um den Ausläufer des Breitenberges vor dem Engetalboden einen gewaltigen Bogen nach Norden beschreibt. Der Abstieg zur Fallmühle geschieht an einer Weggabelung. Würde man geradeaus weitergehen, so könnte man über den »Tiroler Stadl« (bew.) nach Pfronten absteigen und hätte einen zwar kürzeren, aber auch steileren Weg vor sich. Ansonsten wandert man von der Fallmühle (926 m) nach Überquerung der Steinacher Ach an ihrem rechten Ufer zurück nach Pfronten, wobei man an der Josemühle rechts abbiegen muss.

Die TOP-DREI im Allgäu
breitenberg bahn pfronten
Pfronten im Allgäu
840-1678 m
Ein Ausflug ins Hochgebirge!
87459 Pfronten-Steinach
Telefon 08363/5820 · Wetterinfo 08363/392
www.breitenbergbahn.de
DOPPELSESSELBAHN BUCHING
Buching im Allgäu
810-1140 m
87642 Buching/Allgäu · Telefon 08368/91250
www.buchenbergbahn-buching.de
TEGEL BERG BAHN
TEGELBERG BAHN
Schwangau im Allgäu
830-1730 m
87645 Schwangau/Allgäu · Telefon 08362/98360 · Fax 983620
www.tegelbergbahn.de
WIR BRINGEN SIE NACH OBEN

Alpenrosenblüte

Tour 8 Pfronten

Kategorie	**1 Stiefel**
Routenverlauf	**Parkplatz Breitenbergbahn – Zirmenbrücke – Meilingen – König-Ludwig-Weg – Falkenstein – Zirmenbrücke – Parkplatz**
Höhenunterschied	**400 m**
Zeitaufwand	**3 bis 4 Stunden**
Einkehrmöglichkeiten	**Schlossangeralp, Burghotel Falkenstein (kein Ruhetag) Gasthaus »Pfrontener Hof« an der Talstation (Mi. Ruhetag) Aktuelle Öffnungszeiten erfragen!**
Auskünfte	**Kur- und Verkehrsamt Pfronten, Tel. 0 83 63/6 98 88**
Kartenmaterial	**Zumstein Wanderkarte Nr. 2, »Pfronten«, M 1:30 000, AVA Verlag, Porschestraße 2, 87437 Kempten**

Allgäuer Kühe

Vom Parkplatz an der Breitenbergbahn wendet man sich nördlich über die Straße und quert die Zirmenbrücke auf die nördliche Seite der Vils. Hier folgt man flußaufwärts einem Weg, der über Stoffelmühle zum Ortsteil Meilingen führt. Vor der Kirche leitet einen nunmehr ein Weg zum König-Ludwig-Weg. Über diesen gelangt man, zum Schluss in einem Bogen, zum Gipfel des Falkensteins (1267 m). Hier oben bietet sich eine gewaltige Aussicht auf das Vilstal, den Ort Pfronten mit seinen einzelnen Ortsteilen zu Füßen und die Alpen im Süden. Nicht umsonst wollte König Ludwig II. hier ein Märchenschloss errichten, das sogar Neuschwanstein in den Schatten gestellt hätte. Aber über den Zufahrtsweg und die Baupläne hinaus ist es nicht mehr gekommen. Zu besichtigen wäre noch die Mariengrotte, bevor man sich dem leiblichen Wohl im Burghotel Falkenstein oder in der Schlossangeralp hingibt.

Der Abstieg ins Vilstal ist steiler als der Aufstieg. Er erreicht wieder die Zirmenbrücke, über die man zum Parkplatz gelangt.

Tour 9 Schwangau

Kategorie	2 Stiefel
Routenverlauf	Schwangau Parkplatz Tegelbergbahn – Auffahrt zur Bergstation – Branderfleck – Ahornspitze – Niederer Straußbergsattel – Ochsenängerle – Alpe Jägerhütte – Bleckenau – Parkplatz
Höhenunterschied	Bergauf nicht nennenswert, bergab ca. 950 m
Zeitaufwand	5 Stunden
Einkehrmöglichkeiten	Tegelberghaus, Alpe Jägerhütte, Bleckenau Aktuelle Öffnungszeiten erfragen!
Auskünfte	Kurverwaltung Schwangau, Tel. 0 83 62/8 19 80 Tegelbergbahn, Tel. 0 83 62/9 83 60
Kartenmaterial	Zumstein Wanderkarte Nr. 1, »Schwangau«, M 1:30 000, AVA Verlag, Porschestraße 2, 87437 Kempten

Tegelbergbahn

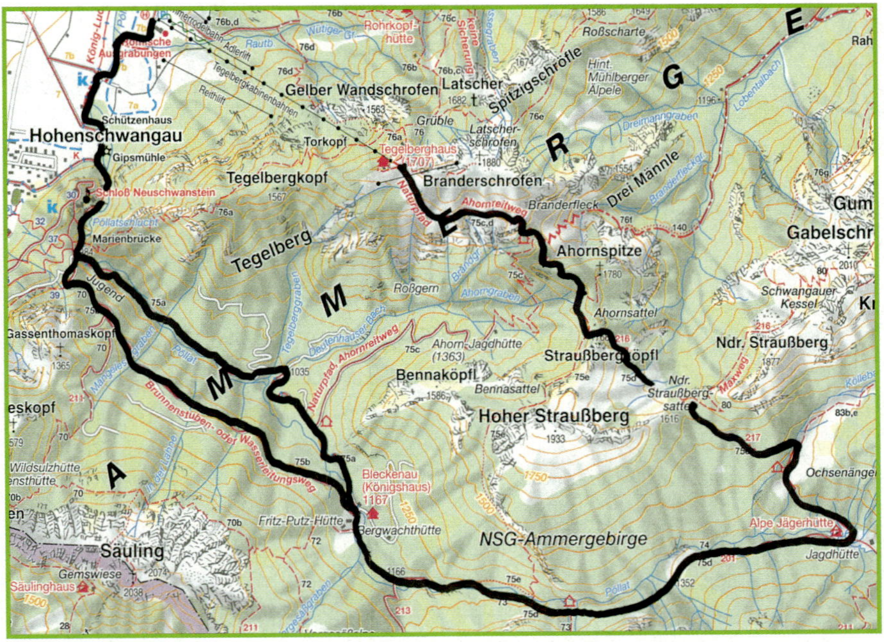

Die aufgeführte Route ist bekannt unter der Bezeichnung »Große Bleckenaurunde«. Von der Bergstation führt der Naturlehrpfad »Ahornreitweg« hinüber zum Branderfleck. Mächtig baut sich die Ahornspitze (1780 m) nun vor einem auf. Man umgeht sie westlich, wobei der Gipfel durchaus als Abstecher noch mitgenommen werden kann. (Umweg ca. 1 Std.). Dann folgt man dem Weg zum Niederen Straußbergsattel (1616 m) und steigt in das Tal des Köllebaches hinab. Über die Weideflächen des Ochsenängerles kommt man zur Alpe Jägerhütte, die von Juni bis September bewirtschaftet ist. Sie liegt an einem Wanderknotenpunkt, denn von ihr aus kann man gen Osten in den Ammerwald ab- oder zum Ochsenälpeleskopf und Kreuzkopf aufsteigen. Die vorgeschlagene Route aber wendet sich westlich und folgt dem für Kfz gesperrten Alpweg hinunter in die Bleckenau (1167 m). Auch hier ist Einkehr möglich. Wer sich den weiteren Abstieg sparen will, kann mit einem Bus ins Tal zurückkehren. Ansonsten führt unser Weg entweder auf der Fahrstraße oder daneben auf dem Brunnenstubenweg nach Hohenschwangau zurück. Dabei gibt es die Gelegenheit Schloss Neuschwanstein von der Marienbrücke aus zu sehen. Der Rückweg zur Talstation der Tegelbergbahn ist einfach zu finden.

Tour 10 Schwangau

Kategorie	**2 Stiefel**
Routenverlauf	**Parkplatz Tegelbergbahn – Kulturpfad Schutzengelweg – Tegelberg – Kleine Bleckenaurunde – Hohenschwangau – Parkplatz**
Höhenunterschied	**900 m**
Zeitaufwand	**Bergauf 2 1/2 Stunden, Rückweg 3 1/2 Stunden**
Einkehrmöglichkeiten	**Rohrkopfhütte, Tegelberg-Haus, Bleckenau** **Aktuelle Öffnungszeiten erfragen!**
Auskünfte	**Kurverwaltung Schwangau, Tel. 0 83 62/8 19 80** **Tegelbergbahn, Tel. 0 83 62/9 83 60**
Kartenmaterial	**Zumstein Wanderkarte Nr. 1, »Schwangau«, M 1:30 000, AVA Verlag, Porschestraße 2, 87437 Kempten**

Tegelberghaus

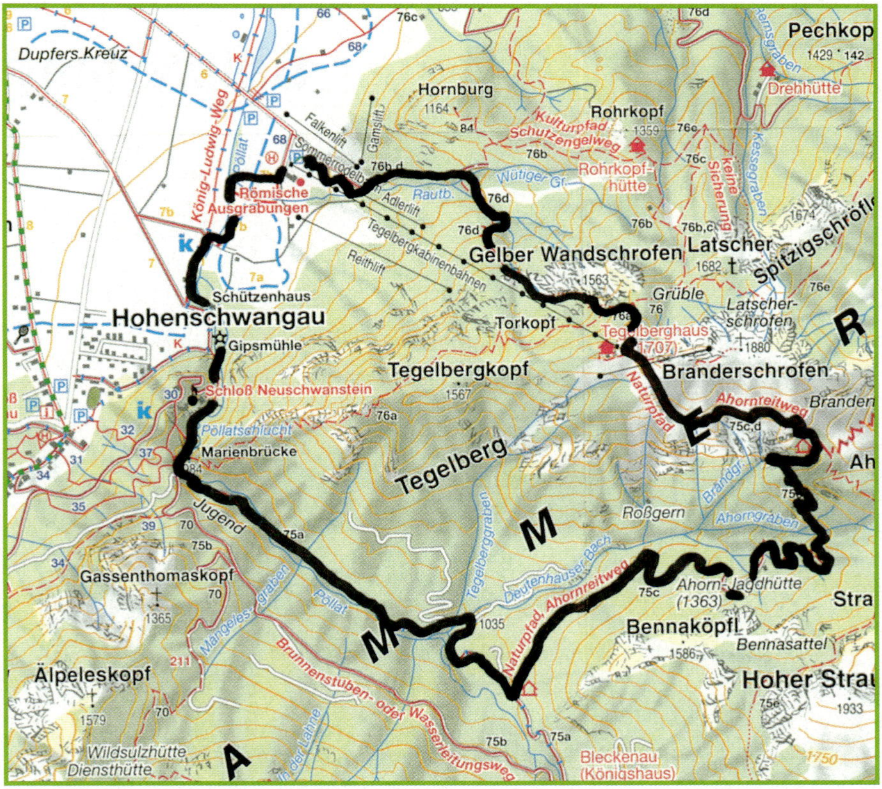

Ohne Schwierigkeiten kann man den Tegelberg über den »Schutzengelweg« ersteigen. Der Weg ist als Kulturpfad angelegt und bietet viele Informationen über Eiszeiten, Geologie, Kultur und Geschichte. Der Kulturpfad endet etwa bei 1720 m. Auf halbem Weg zum Gipfel lockt die Rohrkopfhütte zur Einkehr. Nun geht es steiler hinauf, bis man schließlich die Bergstation der Bahn erreicht. (Natürlich kann man hierher auch fahren!). Jenseits erwartet einen der Naturpfad »Ahornreitweg«, der informativ zum Branderfleck leitet. In einigen Kehren steigt man von hier zur Ahorn-Jagdhütte hinunter und wandert weiter gemütlich abwärts zur Einmündung dieses Weges in die Bleckenaustraße. Wer sich jetzt den Umweg zu Bleckenau sparen will, biegt gleich rechts ab und gelangt so nach Hohenschwangau. (Vielleicht nimmt einen aber auch der Bus mit!). Schöne Sicht auf Schloß Neuschwanstein von der Marienbrücke aus.

Die Rückkehr zum Parkplatz am Tegelberg ist jetzt kein Problem mehr.

Tour 11 Bolsterlang

Kategorie	**1 Stiefel**
Routenverlauf	**Parkplatz Hörnerbahn – Auffahrt zum Horngrat – Schwabenhaus – Riedberger Horn – Bolgental – Alpe Zunkleiten – Parkplatz**
Höhenunterschied	**Bergauf ca. 300 m** **Bergab ca. 880 m**
Zeitaufwand	**3 1/2 bis 4 Stunden**
Einkehrmöglichkeiten	**Berghaus Schwaben, Alpe Zunkleiten** **Aktuelle Öffnungszeiten erfragen!**
Auskünfte	**Verkehrsamt Bolsterlang, Tel. 0 83 26/83 14**
Kartenmaterial	**Zumstein Wanderkarte Nr. 4, »Oberstdorf«, M 1:30 000, AVA Verlag, Porschestraße 2, 87437 Kempten**

An der Bergstation der neuen 6er-Kabinen-Bahn wendet man sich dem schon sichtbaren Berghaus Schwaben (1500 m, bew.) zu. Es liegt am Südhang des Großen Ochsenkopfes und ist Ausgangspunkt für die Hörnertour, fürs Riedberger Horn oder einen Übergang nach Grasgehren. Wir wählen die Route zum Riedberger Horn (1787 m), einem sehr schönen Aussichtsberg. Der Weg führt uns zuerst durch Feuchtgebiete. Über den Nordostgrat erreicht man unschwer das Gipfelkreuz. Besonders hübsch ist die Aussicht von hier auch ins Tal nach Balderschwang und nach Vorarlberg. Der Abstieg führt den Osthang hinab bis zu einem Sattel, an dem man links abbiegt. (Rechts geht es nach Grasgehren).

Wieder kann man die Feuchtflora dieses Gebietes bewundern, wenn man in den Kessel hinabsteigt und zur Bolgenalpe wandert. Das anschlie-

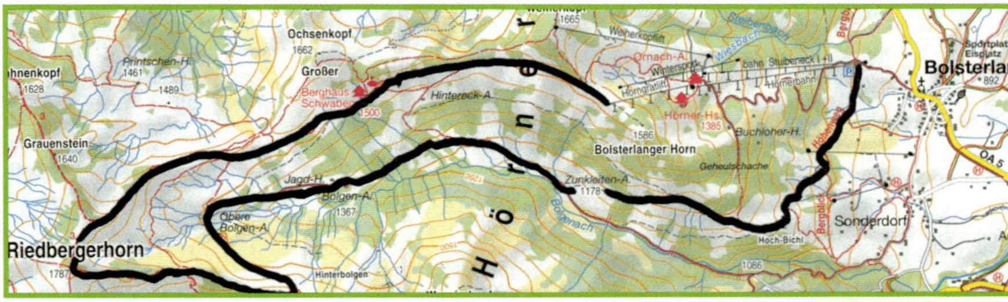

ßende Bolgental ist durch einen Kiesweg erschlossen, auf dem man leicht zur Alpe Zunkleiten (1178 m, bew.) hinabkommt. Links von der Hütte beginnt nun ein Steig über Weidegelände zum Wald anzusteigen, durchquert den schmalen Wald-streifen und führt jenseits in einem Bogen hoch über Sonderdorf (Kreuz mit Bank – Aussicht!) nördlich abbiegend unschwer hinab zum Parkplatz. (Bergblick Höhenweg) Gemütliche Wanderung mit einem Gipfelerlebnis!

Tour 12 Fischen

Kategorie	**1 Stiefel**
Routenverlauf	**Parkplatz östlich der Illerbrücke-Schöllang – Im Stitzel – Gaisalpe – Tobelweg Reichenbach – Schöllanger Burg – Parkplatz**
Höhenunterschied	**Ca. 500 m**
Zeitaufwand	**4 1/2 bis 5 Stunden**
Einkehrmöglichkeiten	**Gaisalpe, Gasthäuser in Reichenbach** **Aktuelle Öffnungszeiten erfragen!**
Auskünfte	**Kurverwaltung Fischen, Tel. 0 83 26/3 64 60**
Kartenmaterial	**Zumstein Wanderkarte Nr. 4 f, »Fischen«, M 1:30 000, AVA Verlag, Porschestraße 2, 87437 Kempten**

Die Wanderung beginnt östlich der Iller und verläuft vom Parkplatz nach Schöllang nicht der Straße nach, sondern über Burgegg im direkten Anstieg. In Schöllang geht es bei der Kirche rechts, dann im spitzen Winkel links ab Richtung Eybach. An seinem Südufer zieht sich der Weg nun östlich hinauf, bis er einen scharfen Knick nach Süden macht und ansteigend einen Aussichtspunkt »Im Stitzel« (1260 m) erreicht. Nicht umsonst heißt man die Gegend hier auch »schöne Aussicht«, denn die hat man! Der Weg führt nun weiter zur Gaisalpe (1149 m, bew.) und von dort abwärts bis zum Gaisbach. Hier verläßt man das Fahrsträßchen und durchwandert den Gaisbachtobel bis kurz vor

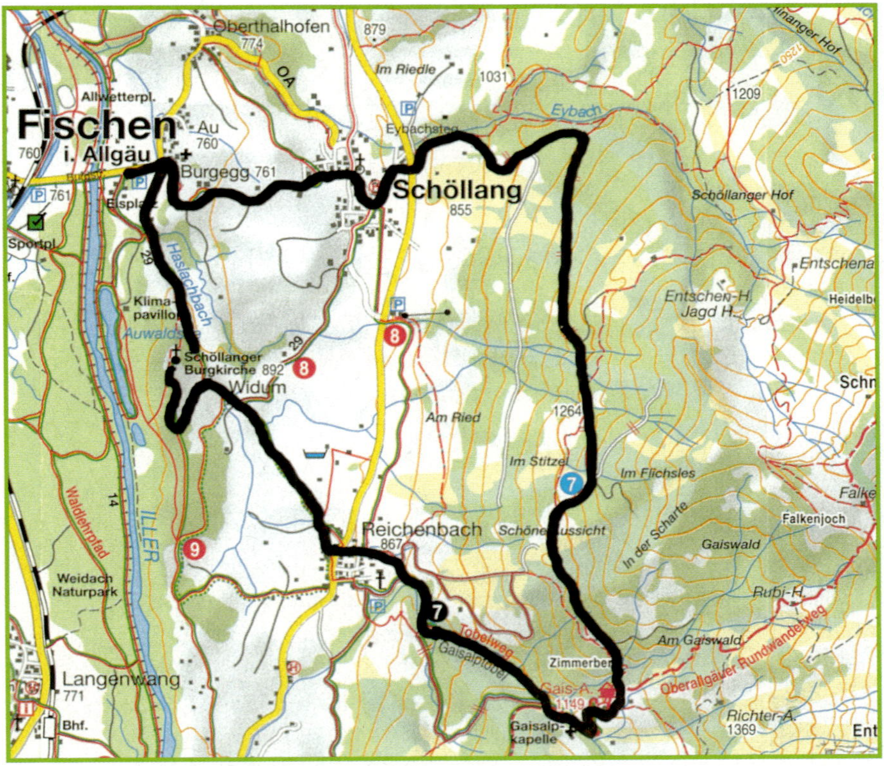

Reichenbach. Im Ort findet man den Weg zur Schöllanger Burgkirche. Nach einem Besuch folgt man kurz unterhalb einem Wegabzweig nach Norden und kehrt nun zum Parkplatz in Fischen zurück.

Eine einfache Rundwanderung mit schöner Aussicht.

Blick auf Fischen

Tour **13**

Fischen

Kategorie	**1 Stiefel**
Routenverlauf	**Parkplatz westlich der B 19 – Sägemühle – Freibad – Hirschsprung – Sturmannshöhle – Obermaiselstein – Maderhalm – Parkplatz**
Höhenunterschied	**Ca. 240 m**
Zeitaufwand	**3 1/2 bis 4 Stunden**
Einkehrmöglichkeiten	**An der Sturmannshöhle, Gasthäuser in Obermaiselstein** **Aktuelle Öffnungszeiten erfragen!**
Auskünfte	**Kurverwaltung Fischen, Tel. 0 83 26/3 64 63** **Sturmannshöhle, Tel. 0 83 26/3 83 09** **Verkehrsamt Obermaiselstein, Tel. 0 83 26/2 77**
Kartenmaterial	**Zumstein Wanderkarte Nr. 4 f, »Fischen«, M 1:30 000, AVA Verlag, Porschestraße 2, 87437 Kempten**

Vom Parkplatz wandert man eben in südliche Richtung. Bald kommt man zur historischen Sägemühle, die unbedingt einen Besuch wert ist. Als nächstes tauchen Sportpark und Freizeitbad auf, die man vielleicht gesondert besuchen sollte. Nach etwa 500 weiteren Metern nach Süden biegt der Weg an einer Gabelung nach Westen ab und führt zum Hirschsprung, einer Felsenge mit hochaufragenden Wänden. Nun folgt man dem Wegweiser zur Sturmannshöhle, deren Besichtigung man sich ebenfalls nicht entgehen lassen sollte. Einkehrmöglichkeit. Dann wandert man nach Obermaiselstein und weiter über Oberdorf nach Maderhalm. Von diesem Ort hat man eine schöne Aussicht in die Berge, ins Illertal und auf Fischen. Von Maderhalm kann man

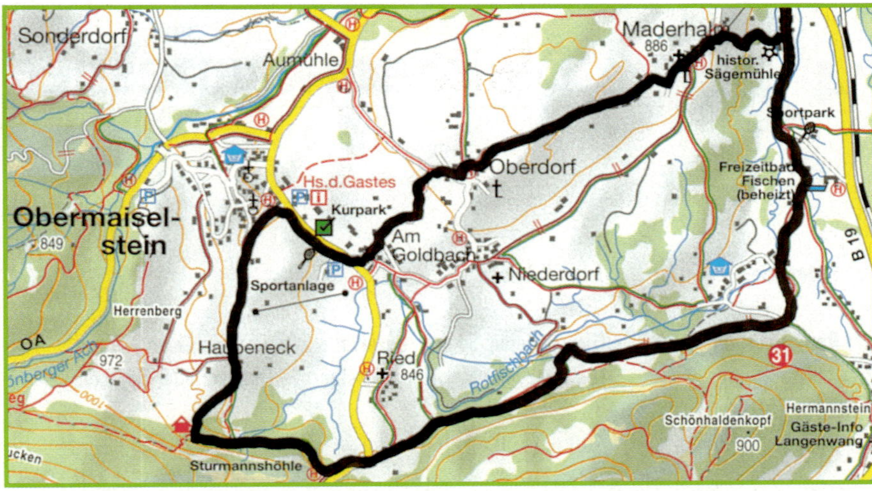

entweder der Straße folgen oder aber einer etwas steileren Abkürzung, die zur Säge-mühle hinunterführt, von wo es ein Katzensprung zurück zum Parkplatz ist.
Schöne Wanderung durch die Allgäuer Landschaft.

Blick auf Fischen

Tour 14 Blaichach-Gunzesried

Kategorie	**1 bis 2 Stiefel**
Routenverlauf	**Gunzesrieder Säge – Ostertal – Alpe Höllritzen – (Blaicher Horn) – Alpe Mittelberg – Gunzesrieder Säge**
Höhenunterschied	**500 m (700 m)**
Zeitaufwand	**5 1/2 Stunden (7 Stunden)**
Einkehrmöglichkeiten	**Alpe Höllritzen, Alpe Mittelberg, Gh. Gunzesrieder Säge Aktuelle Öffnungszeiten erfragen!**
Auskünfte	**Gästeamt Blaichach-Gunzesrieder Tal, Tel. 0 83 21/80 08 36**
Kartenmaterial	**Zumstein Wanderkarte Nr. 6, »Sonthofen-Immenstadt«, M 1:30 000, AVA Verlag, Porschestraße 2, 87437 Kempten**

Blick auf Gunzesried

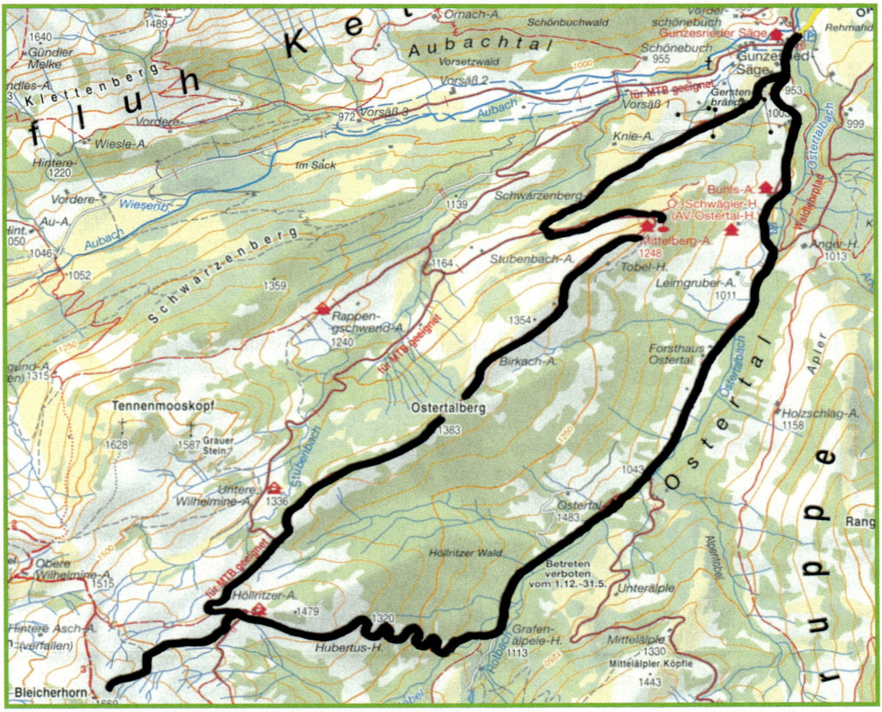

Vom Parkplatz vor der Gunzesrieder Säge wendet man sich zu den ersten Häusern und folgt dann dem Weg links ab ins Ostertal. Es ist bis zum Aufstieg zur Alpe Höllritzen ein weiter, wenn auch bequemer Weg: ca. 4,5 km. Kurz bevor der fahrbare Weg am Ende des Tales aufhört (1102 m), folgt man bei der Grafenälpenhütte rechts einem Steig, der sich in vielen Windungen zur Alpe Höllritzen (1400 m, bew.) hinaufwindet. Nun kann man entweder das nahe Blaicher Horn (1670 m) besteigen, von dem aus man eine schöne Aussicht hat (Umweg ca. 2 Stunden) oder direkt wieder ins Tal absteigen. Dazu benutzt man den nur für Mautverkehr zugelassenen Alpweg und folgt ihm bis zu einer Abzweigung nach rechts, die durch Wald und über Weiden zur Alpe Birkach und aussichtsreich weiter zur Alpe Mittelberg (1248 m, bew.) führt. Zwar könnte man nun über den Fahrweg ins Tal zurückkehren, schöner aber ist es, dem Wanderpfad über den Höhenrücken hinab zur Gunzesrieder Säge zu folgen.

Diese Wanderung ist unschwierig, braucht aber ein bisschen Kondition, vor allem, wenn man das Blaicher Horn noch »mitnehmen« möchte, was zu empfehlen ist.

Tour 15

Bad Hindelang

Kategorie	**1 bis 2 Stiefel**
Routenverlauf	**Parkplatz Hornbahn – Bergstation – Imberger Horn – Alpe Mitterhaus – Hornkapelle – Parkplatz**
Höhenunterschied	**Bergauf ca. 360 m** **Bergab ca. 810 m**
Zeitaufwand	**4 bis 4 1/2 Stunden**
Einkehrmöglichkeiten	**Gasthof Hornlift, Alpe Mitterhaus, Horn-Café** **Aktuelle Öffnungszeiten erfragen!**
Auskünfte	**Gästeinformation Bad Hindelang, Tel. 0 83 24/89 20** **Horn-Gondelbahn, Tel. 0 83 24/24 04**
Kartenmaterial	**Zumstein Wanderkarte Nr. 3, »Bad Hindelang«, M 1:30 000, AVA Verlag, Porschestraße 2, 87437 Kempten**

Bad Hindelang – Blick auf Imberger Horn

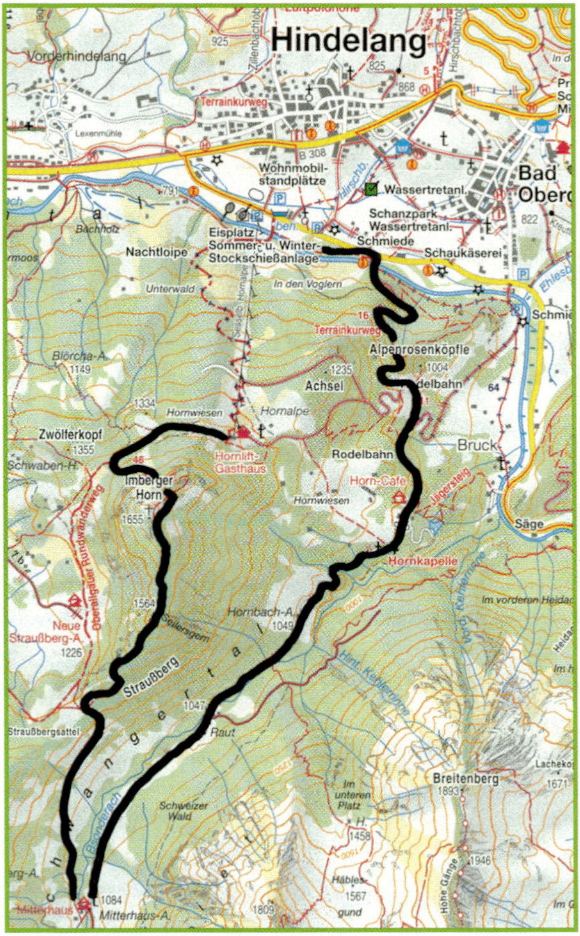

Nach der Auffahrt mit der brandneuen Gondelbahn genießt man erst einmal die schöne Aussicht auf Hindelang und das Ostrachtal. Dann wendet man sich auf dem ausgeschilderten Weg westlich um das Imberger Horn herum, biegt aber bei einer Abzweigung nach links ab und ersteigt im gemütlichen Aufstieg das Imberger Horn (1656 m). Die Aussicht lohnt die kleine Mühe auf jeden Fall! Sie umfasst ein erstaunliches Panorama von Bergen, Wäldern und Tälern.

Der Abstieg folgt dem Gratrücken nach Süden, manchmal durch Wald, aber immer mit Möglichkeiten, neue Bilder in sich aufzunehmen.

Am Straußbergsattel wendet man sich links und steigt zur bald sichtbaren Alpe Mitterhaus (1081 m, bew.) hinab. Wer den Gipfel auslassen möchte, kann bei der beschriebenen Wegabzweigung einfach geradeaus weitergehen und kommt auf einem Stück des Oberallgäuer Rundwanderweges ebenfalls zum Straußbergsattel. Dabei könnte er noch auf der Neuen Straußbergalpe (1227 m) einkehren. Vom Mitter-haus wandert man auf dem Alpsträßlein talauswärts, kommt an der Hornkapelle vorbei und hat beim Horn-Café die nächste Möglichkeit Hunger und Durst zu stillen. Der weitere Abstieg ins Ostrachtal ist ausgewiesen.

Tour 16 Bad Hindelang

Kategorie	**2 Stiefel**
Routenverlauf	**Bad Hindelang – Hirschbachtobel – Hirschberg – Steinköpfle – Café Polite – Bad Hindelang**
Höhenunterschied	**630 m**
Zeitaufwand	**3 1/2 bis 4 Stunden**
Einkehrmöglichkeiten	**Café Polite, Gasthäuser in Bad Hindelang** **Aktuelle Öffnungszeiten erfragen!**
Auskünfte	**Gästeinformation Bad Hindelang, Tel. 0 83 24/89 20**
Kartenmaterial	**Zumstein Wanderkarte Nr. 3, »Bad Hindelang«, M 1:30 000, AVA Verlag, Porschestraße 2, 87437 Kempten**

An der Umgehungsstraße von Bad Hindelang sind genügend Parkbuchten Rich-tung Oberjoch. Von dort wandert man Richtung Gasthof »Letzter Heller«, biegt aber vor der Brücke über den Hirschbach links ab und steigt durch den bekannt schönen Tobel aufwärts. Allein dieser ist ein Erlebnis! An steilen Felsen und tiefen Bacheinschnitten vorbei gelangt man schließlich zu Wasserfällen. Hier verläßt man den Tobel und steigt steil in Serpentinen das östliche Ufer hinauf. Bei einer Wegabzweigung, an der es nach rechts zur Hirschalpe geht, folgt man dem Weg links ab und quert den Hirschbach oberhalb des hohen Wasserfalles auf seine Westseite. Von

hier zum aussichtsreichen Gipfel des Kleinen Hirschberges (1456 m) ist es nicht mehr weit. Er ist der Balkon des Ostrachtales! Der Abstieg führt westlich hinunter, zunächst durch einen vom Sturm verwüsteten Wald, später an einem Pflanzenlehrgarten vorbei. Etwa 300 m westlich des Cafés Polite kommt man dann zur Straße, die schnurstracks nach Hindelang hinunterführt. Aber der Abstecher zur Einkehr im Polite lohnt sich sicherlich!

Erlebnis Hirschbachtobel

Auch die Kinder haben ihren Spaß!

... über Berg und Tal ...

MIT DEN AVA-WANDERFÜHRERN

Über 100 Bergwanderungen mit Seil- und Sesselbahnen im Allgäu

Mit farbigen Panoramakarten.
Angaben über Gehzeit und Anschlußwanderungen, sowie Einkehrmöglichkeiten.

Best.-Nr. 128
14.8 x 21 cm • 112 Seiten
4farb-Druck

50 Erlebnistouren zu Allgäuer Alp- und Sennhütten

Mit genauer Tourenbeschreibung, farbigen Kartenausschnitten, Angaben über die Alpe, Gehzeit, Anschlußwanderungen. Für Familien gut geeignet, teilweise auch mit Kinderwagen.

Best.-Nr. 126
14.8 x 21 cm • 112 Seiten
4farb-Druck

Die schönsten Berg- und Wandertouren im Allgäu

Alle Touren sind mit detaillierten, farbigen Kartenausschnitten versehen. Angaben über Länge, Gehzeit, Einkehrmöglichkeiten und Schwierigkeitsgrad.

Best.-Nr. 127
14.8 x 21 cm • 112 Seiten
4farb-Druck

AVA Verlag Allgäu • Postfach 31 53 • 87440 Kempten • Tel.: (08 31) 5 71 42 - 13 • Fax: (08 31) 7 90 08

Tour 17 Immenstadt

Kategorie	**3 Stiefel**
Routenverlauf	**Parkplatz Mittagbahn – Auffahrt zur Bergstation – Steineberg – Stuiben – Alpe Gund – Alpe Mittelberg – Steigbachtal – Immenstadt – Parkplatz**
Höhenunterschied	**Bergauf ca. 400 m** **Bergab ca. 1000 m**
Zeitaufwand	**5 1/2 bis 6 Stunden**
Einkehrmöglichkeiten	**Alpe Gund, Alpe Mittelberg** **Aktuelle Öffnungszeiten erfragen!**
Auskünfte	**Städt. Gästeamt, Tel. 0 83 23/91 41 76 oder 91 41 77** **Mittagbahn, Tel. 0 83 23/61 49**
Kartenmaterial	**Zumstein Wanderkarte Nr. 6, »Immenstadt«, M 1:30 000, AVA Verlag, Porschestraße 2, 87437 Kempten**

Die gemütliche Bergfahrt mit der Mittagbahn

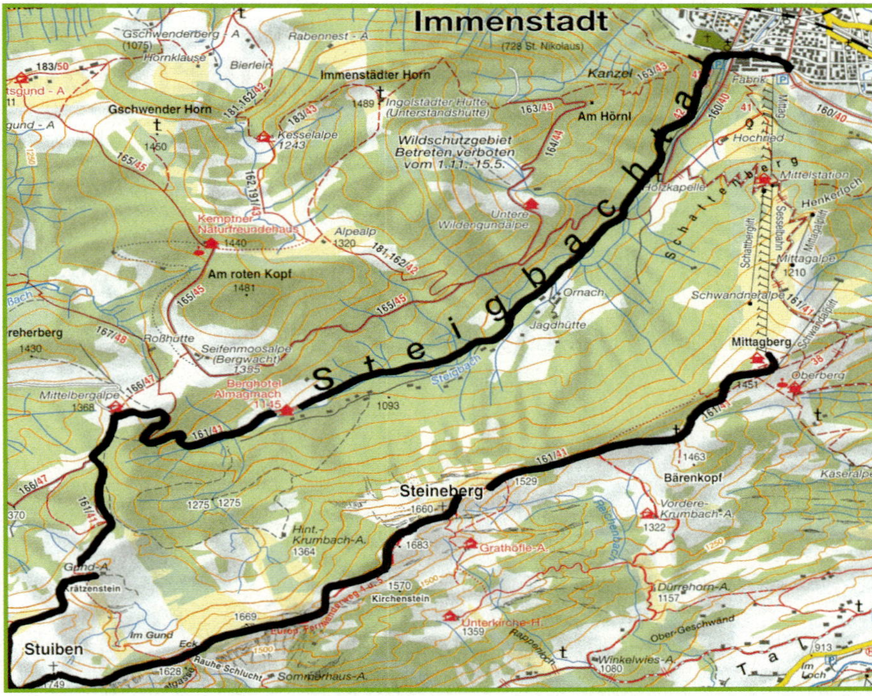

Nach einer gemütlichen Auffahrt zum Mittag und dem Genuß der Aussicht von seinem Gipfelkreuz wendet man sich westlich über Alpweiden zum Steineberg. Der letzte Aufstieg unter seiner mächtigen Mauer ist etwas steil, aber gut gerichtet. Zu seinem Gipfelkreuz (1660 m) muß man nach Überwindung der Mauer wieder etwas nach Osten zurükkgehen, ein kleiner Umweg, der sich lohnt. Beim Weiterweg zum Stuiben (1749 m), teils auf dem Nagelfluhgrat, muß man aufpassen. Kitzelige Stellen sind aber mit kurzen Drahtseilen gesichert. Auch das letzte Stück zum Stuiben ist steil und gesichert. Wer diese kleinen Mühen auf sich nimmt, wird eine der schönsten Höhenwanderungen im Allgäu so schnell nicht vergessen! Die ständige Aussicht nach allen Seiten gehört mit zum Feinsten! Außerdem ist die Bergflora dort besonders vielseitig. Vom Stuiben geht es nun nördlich hinab zur längst gesichteten Alpe Gund (1502 m, bew.) und weiter über die Alpe Mittelberg (1368 m, bew.) über eine steile, steinreiche Straße hinab ins Steigbachtal. Bald kommt man am Berghotel Almagmach vorbei, das leider geschlossen ist, und wandert die weite Strecke hinab nach Immenstadt. Beim Parkplatz am Friedhof führt ein Verbindungsweg zur Talstation der Mittagbahn zurück.

Tour **18**

Immenstadt

Kategorie	**1 Stiefel**
Routenverlauf	**Parkplatz Bühl Alpseebad – Zaumberg – Siedelalpe – Alpe Schönsreuthe-Alpseewies – Parkplatz**
Höhenunterschied	**300 m**
Zeitaufwand	**4 bis 5 Stunden**
Einkehrmöglichkeiten	**Siedelalpe, Alpe Schönsreuthe** **Aktuelle Öffnungszeiten erfragen!**
Auskünfte	**Städt. Gästeamt, Tel. 0 83 23/91 41 76-77** **Gästeamt Bühl a. A., Tel. 0 83 23/91 41 78**
Kartenmaterial	**Zumstein Wanderkarte Nr. 6, »Immenstadt«, M 1:30 000, AVA Verlag, Porschestraße 2, 87437 Kempten**

Vom Parkplatz des Alpseebades führt ein Wanderweg durch Wald und Wiesen nördlich hinauf nach Zaumberg. Hier biegt man bei den ersten Häusern links ab und folgt dem ausgeschilderten Weg westlich weiter leicht ansteigend durch Wald und Weideflächen zur Siedelalpe (1000 m, bew.) Vom weiteren Weg über den schönen Nagelfluhrücken oberhalb des Konstanzertales biegt bald nach der Siedelalpe ein Weg links und rechts ab: Rechts geht es zur Jugetalpe, links aber ins Tal hinab zur Alpe Schönsreuthe (850 m, bew.). Von diesem Weg hat man immer wieder schöne Talblicke und der Große Alpsee grüßt herauf. Beim Weiterweg gelangt man schließlich zu seinem nördlichen Ufer hinab und folgt diesem nach Osten. Der kleine Weiler Alpseewies wird bald erreicht und danach geht es eben weiter zum Parkplatz zurück.

Der herrlich gelegene Alpsee

Tour 19

Immenstadt

Kategorie	**2 Stiefel**
Routenverlauf	**Parkplatz beim Friedhof – Steigbachtal Oberer Weg – Alpe Seifenmoos – Naturfreundehaus – Alpe Gschwender Berg – Gschwend – Bühl – Parkplatz**
Höhenunterschied	**650 m**
Zeitaufwand	**5 bis 6 Stunden**
Einkehrmöglichkeiten	**Naturfreundehaus, Alpe Gschwender Berg Aktuelle Öffnungszeiten erfragen!**
Auskünfte	**Städt. Gästeamt, Tel. 0 83 23/91 41 76-77 Gästeamt Bühl, Tel. 0 83 23/91 41 78**
Kartenmaterial	**Zumstein Wanderkarte Nr. 6, »Immenstadt«, M 1:30 000, AVA Verlag, Porschestraße 2, 87437 Kempten**

Alpe Gschwenderberg

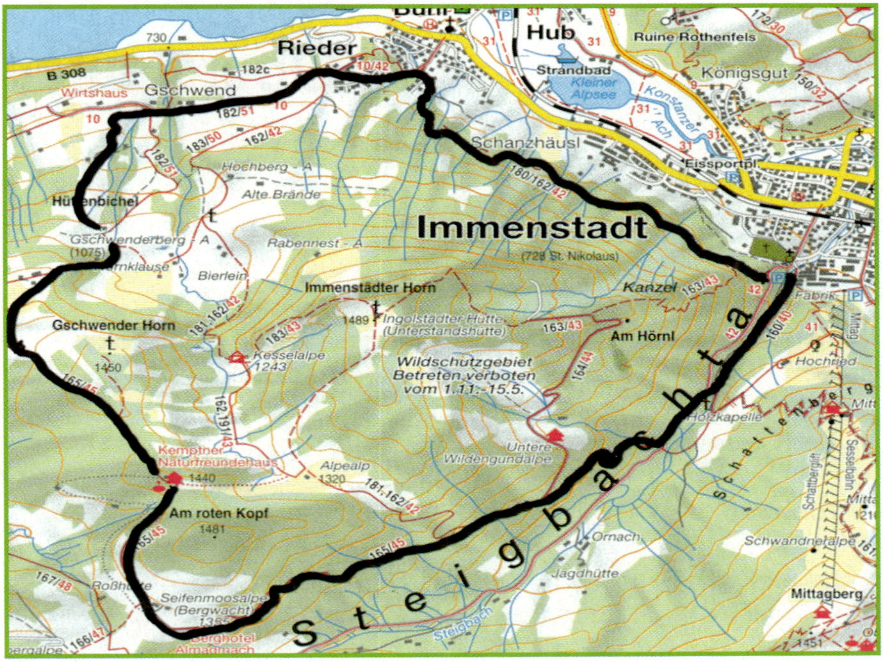

Nach dem Parkplatz beginnt gleich eine ordentliche Steigung hinauf zur Hölzernen Kapelle. Bald danach teilt sich der Weg: geradeaus führt der (gesperrte) Fahrweg weiter, rechts biegt ein Alpweg ab und führt in einigen Kurven weit hinauf zum Seifenmoos. Dabei kommt man an einer weiteren Abzweigung zur Alpe Wildengund (Wildschutzgebiet) und später zur Alpe Alp vorüber. Im Gebiet des Seifenmooskessels gibt es viele Feuchtflächen. Jenseits sieht man etwas oberhalb die Alpe Mittelberg (1368 m) liegen. Hier auf Seifenmoos ist auch eine Station der Bergwacht. Der Weg biegt nun nach Norden ab und durchzieht Wald und Weiden. Beim Naturfreundehaus (1440 m, bew.) beginnt der lange Abstieg zunächst Richtung Großen Alpsee westlich um das Gschwender Horn herum. Auf dessen Nordseite liegt die Alpe Gschwenderberg (1075 m, bew.), die wegen ihrer Renovierung im alten Stil besonders hübsch anzusehen ist. Das Jugendbuch »Katrin und Konrad besuchen eine Alpe« (AVA Verlag Kempten) spielt hier oben. Auf dem neuen Alpweg geht es nun hinab nach Gschwend und weiter nach Bühl. Der Rückweg nach Immenstadt über den Hangweg zu Füßen des Immenstädter Hornes führt direkt zum Parkplatz.

Tour 20 Oberstaufen

Kategorie	**1 Stiefel**
Routenverlauf	**Steibis Imbergbahn Talstation – Auffahrt zur Bergstation – Alpe Glutschwanden – Kojen – Alpe Hörmoos – Bus nach Steibis**
Höhenunterschied	**250 m**
Zeitaufwand	**3 1/2 Stunden**
Einkehrmöglichkeiten	**Alpe Glutschwanden, Ferienhof Kojen (Schnapshütte) Liftrestaurant Hochhädrich, Alpe Hörmoos**
Auskünfte	**Kurverwaltung Oberstaufen, Tel. 0 83 86/9 30 00; Außenstelle Steibis, Tel. 0 83 86/81 03; Imbergbahn, Tel. 0 83 89/84 86-81 12**
Kartenmaterial	**Zumstein Wanderkarte Nr. 8, »Oberstaufen«, M 1:30 000, AVA Verlag, Porschestraße 2, 87437 Kempten**

Steibis

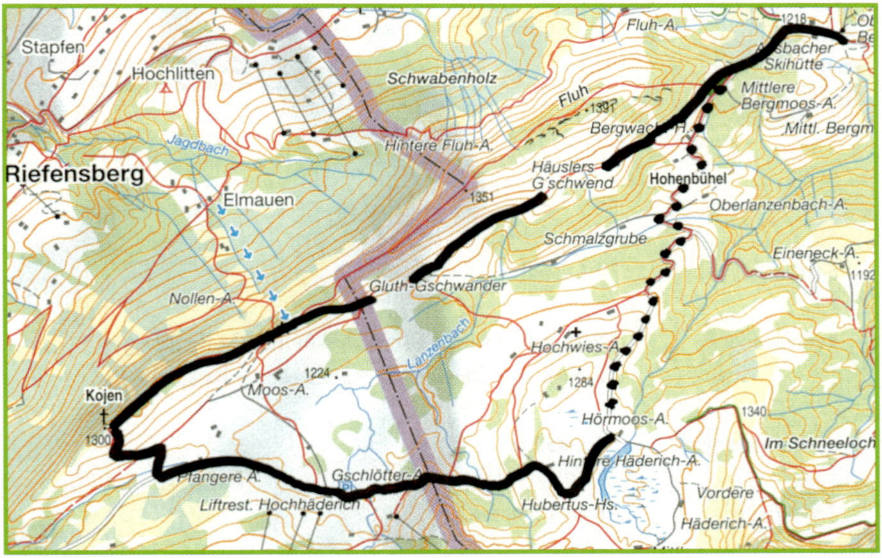

Nach Auffahrt mit der Imbergbahn wendet man sich rechts zur Alpstraße hinab und biegt auf ihr links ein. Man folgt ihr ein kurzes Stück bis etwa zum Scheitelpunkt, an dem ein Wegweiser »Kojen 5 km« steht. Der anschließende gemütliche Weg führt auf halber Hanghöhe nach Westen, passiert die Alpe Häusler's Gschwend und kommt schließlich zur Alpe Glutschwanden (1250 m, bew.). Danach steigt er rechts etwas an, um die Grathöhe zu gewinnen. Beim »Steinernen Tor« findet man einen engen Felsdurchbruch vor, durch den ein Weg nach Riefensberg hinabführt. Man bleibt aber weiterhin am Grat und erreicht schließlich den aussichtsreichen Gipfel des Kojen (1300 m), von dem aus der Blick nach Vorarlberg besonders hübsch ist. Steil fällt der Kojen nach Norden und Westen ab, so dass man sich wie auf einem Balkon hoch über dem Nachbarländle fühlt. Der Rückweg führt über den Wiesenpfad zur sichtbaren Straße hinab, die von Hittisau/Krumbach heraufkommt und das Ski- und Wandergebiet Hochhädrich zum Ziel hat. Dorthin wandert man nun ebenfalls und folgt dem Weg weiter, der bald darauf die Landesgrenze passiert und in einem Feuchtgebiet am Nordfuß des Hochhädrichs nach Hörmoos (1283 m, bew.) verläuft. Ab hier kann man den Bus nach Steibis benutzen, dessen Fahrzeiten vor der Tour zu erfragen sind. Infrage käme auch ein Rückmarsch bis zur Bergstation der Imbergbahn, was aber wegen der Straßenbenutzung nicht so interessant erscheint.

Tour 21 Oberstaufen

Kategorie	**1 Stiefel**
Routenverlauf	**Parkplatz Hündle Sesselbahn – Auffahrt – Hinteregg – Buchenegger Wasserfälle – Buchenegg – Parkplatz**
Höhenunterschied	**Ca. 450 m**
Zeitaufwand	**3 1/2 Stunden**
Einkehrmöglichkeiten	**Bergstation Hündlealpe, Buchenegg, Hubertusstube an der Talstation, Gasthaus »Zum Schafwirt« Aktuelle Öffnungszeiten erfragen!**
Auskünfte	**Kurverwaltung Oberstaufen, Tel. 0 83 86/9 30 00; Außenstelle Thalkirchdorf, Tel. 0 83 25/97 60 Hündlebahn, Tel. 0 83 86/27 20 oder 17 20**
Kartenmaterial	**Zumstein Wanderkarte Nr. 8, »Oberstaufen«, M 1:30 000, AVA Verlag, Porschestraße 2, 97437 Kempten**

Nach der Auffahrt mit der Hündlebahn wendet man sich von der Gipfelstation (1055 m, bew.) südöstlich um den kleinen Hündlekopf und folgt dem Weg durch Weideflächen und Baumbestand hinab nach Hinteregg, wo eine schöne Kapelle steht. Ab hier wird es steil, denn Ziel sind die bekannten Buchenegger Wasserfälle an der Weißach. Dieser Abstieg soll einen auch nicht bei dem Gedanken reuen, dass man hier nach Besichtigung wieder hinauf muss! Aber dafür hat man ja mit der Hündlebahn die meisten Höhenmeter bequem zurückgelegt, da kann man schon mal ein bisschen schwitzen. Der Rückweg führt schließlich nach Buchenegg (851 m, Einkehrmöglichkeit) und von dort über einen langgezogenen, einfach zu gehenden Weg entlang eines Hanggebietes zurück zur Talstation der Sesselbahn (770 m). Bevor man sich aber genußvoll evtl. in der Hubertusstube bei einer Brotzeit zurücklehnt, sollte man die neue Sommerrodelbahn ausprobieren, die ab der Talstation betrieben wird.

Ein besonderes Erlebnis – Viehscheid in Oberstaufen

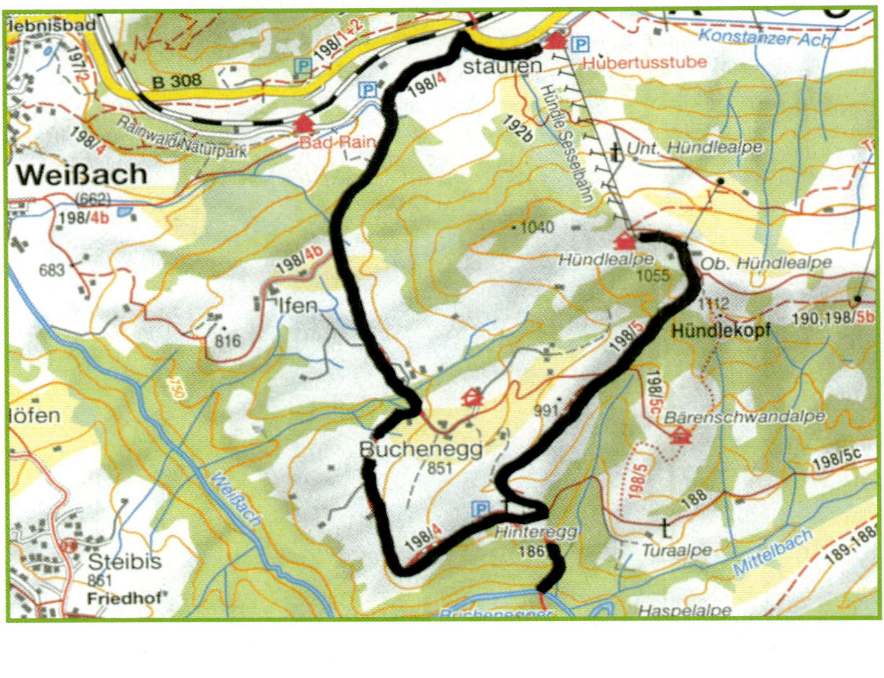

Tour 22 Oberstdorf

Kategorie	**2 Stiefel**
Routenverlauf	**Parkplatz an der Oybelehalle – Kühberg – Oytal – Oytalhaus – Untere/Obere Lugenalpe – Hahnenkopf – Gerstruben – Dietersberg – Parkplatz**
Höhenunterschied	**Bis Oytalhaus 200 m, weiter bis Hahnenkopf 725 m insgesamt 925 m**
Zeitaufwand	**6 1/2 Stunden**
Einkehrmöglichkeiten	**Oytalhaus, Gasthof Gerstruben, Gasthof Gruben** **Aktuelle Öffnungszeiten erfragen!**
Auskünfte	**Kurbetriebe Oberstdorf, Tel. 0 83 22/70 00** **Alpine Auskunft, Tel. 0 83 22/70 20 00** **Stellwagenverkehr, Tel. 0 83 22/9 62 10 oder 48 46**
Kartenmaterial	**Zumstein Wanderkarte Nr. 4, »Oberstdorf«, M 1:30 000, AVA Verlag, Porschestraße 2, 87437 Kempten**

Deutschlands südlichste Siedlung: Gerstruben

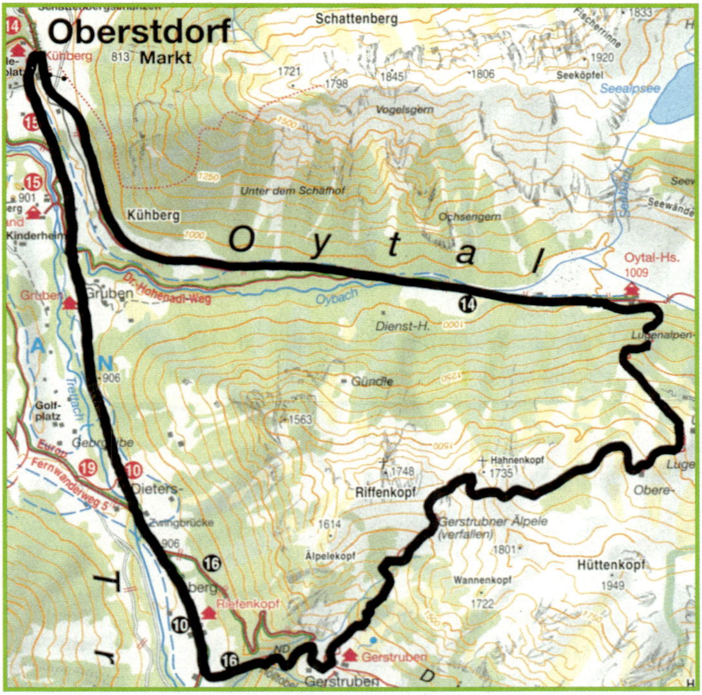

Vom Parkplatz an der Oybelehalle führt der Weg ansteigend zur Oytalstraße hinauf. Da dieser für den allgemeinen Verkehr gesperrt ist, folgt man ihr ungeniert ins Oytal hinein. Dieses enge Tal wird vom Schattenberg-Höhenzug im Norden und den steilen Hängen von Riffen- und Hahnenkopf im Süden begrenzt. Der Blick fällt direkt auf die hohen Berge um den Schneck und je früher man am Tag aufbricht, umso einsamer wird man in diesem schönen Tal sein. Beim Oytalhaus ist vielleicht schon eine kleine Verschnaufpause angebracht. Kurz nachdem man es passiert hat, biegt rechts ein Pfad ab (Wegweiser), der durch Wald hinauf zur Unteren Lugenalpe führt. Kurz davor betritt man die Weideböden dieser Alpe. Der Weg zieht sich an der Hütte vorbei in einem Bogen steil hinauf zur Oberen Lugenalpe, die bewirtschaftet ist. Der Weiterweg zum Hahnenkopf führt durch einen Kessel, in dem man mit etwas Glück Gemsen sehen kann. Man gelangt zu einem kleinen Sattel, von dem es unweit zum Gipfel ist. Nach seinem Besuch muß man zum Sattel zurück und steigt dann über das Gerstrube Älpele nach Gerstruben (1154 m) hinab. Sicher ist hier dann eine Pause angesagt! Der Abstieg ins Trettachtal kann über die Straße erfolgen, oder schöner durch den Hölltobel, den der Dietersbach durchrauscht. Unten folgt man dem Sträßle nach Gruben und weiter in nördlicher Richtung immer dem Flußlauf der Trettach folgend, bis der Weg bei der Mühlenbrücke am nahegelegenen Parkplatz endet. Das Besondere dieser Tour ist die ruhige Abgeschiedenheit zwischen Oytalhaus und Gerstruben.

Tour **23**

Oberstdorf

Kategorie	**3 Stiefel**
Routenverlauf	**Parkplatz Nebelhornbahn – Auffahrt zur Station Höfatsblick – Laufbachereck – Himmeleck – Oytal – Oberstdorf**
Höhenunterschied	**Bergauf ca. 500 m ab Seilbahn** **Bergab ca. 1400 m**
Zeitaufwand	**Insgesamt 6 1/2 bis 7 Stunden Gehzeit**
Einkehrmöglichkeiten	**Käseralpe, Untere Gutenalpe, Oytalhaus** **Aktuelle Öffnungszeiten erfragen!**
Auskünfte	**Alpine Beratungsstelle, Tel. 0 83 22/70 02 00** **Nebelhornbahn, Tel. 0 83 22/96 00 96** **Oytalhaus, Tel. 0 83 22/47 97** **Stellwagenverkehr, Tel. 0 83 22/9 62 10 oder 48 46**
Kartenmaterial	**Zumstein Wanderkarte Nr. 4, »Oberstdorf«, M 1: 30 000, AVA Verlag, Porschestraße 2, 87437 Kempten**

Ein richtiger »Allgäuer Himmelssteig« ist dieser Rundweg! Nach der Auffahrt mit der Nebelhornbahn wendet man sich in südöstlicher Richtung und wandert unterhalb des Kammes mit Zeiger und Seekopf zum Schochen. Hier, wo die Aussicht einen hervorragenden Standort hat (Blick auf Höfats!), biegt der Weg scharf nach Osten um. Er leitet den Wanderer weiterhin aussichtsreich zum Laufbachereck (2178 m), wobei man die letzte halbe Stunde steile Serpentinen zurücklegen muß. Von hier oben wird der Blick auf die andere Seite ins Obertal und Bärgündele

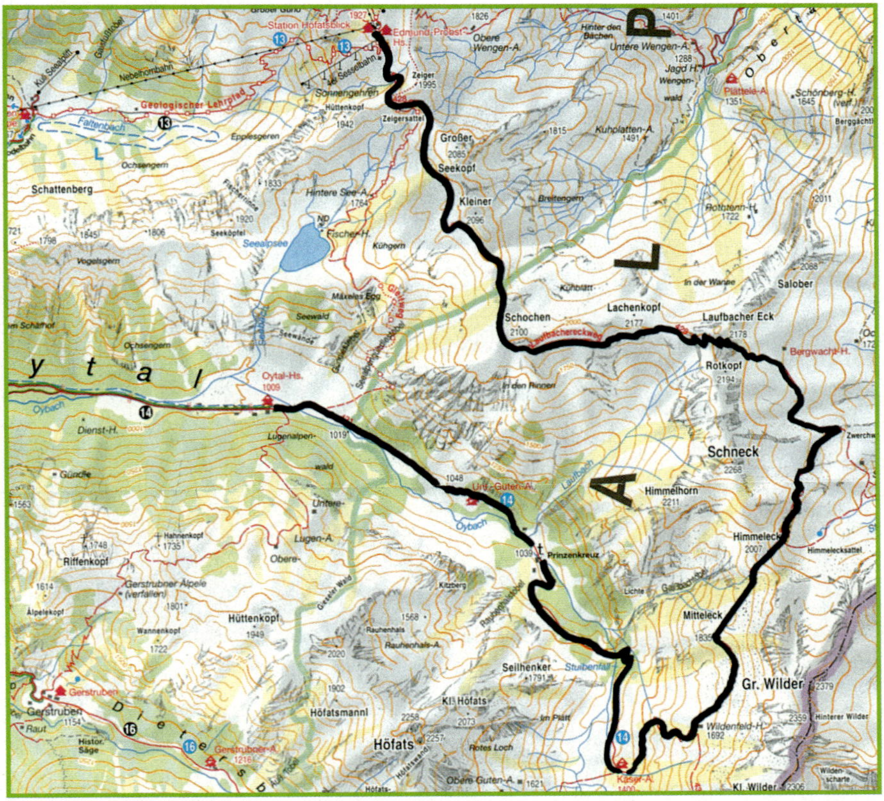

frei und der himmelwärts strebende Schneck bannt den Blick. Es folgt ein steiler Abstieg über Serpentinen, wobei man die kleine Bergwachthütte, ein Standort für Notfälle, gut sehen kann. Zum Himmeleck (2007 m) führt der Steig nun wieder bergauf, dabei umgeht man den Schneck und betritt das Hochkar unterhalb der Wilden. Über das kleine Wildenfeldhüttchen (nicht bew.) steigt man zur Käseralpe (1400 m) ab, die bewirtschaftet ist. Der Weiterweg führt am Stuibenfall vorbei zum Talboden des Oytales, wo man kurz vor der Unteren Gutenalpe (bew.) das Prinzenkreuz passiert. Nun geht es leicht hinaus zum Oytalhaus (1004 m) und zurück zur Talstation der Nebelhornbahn. Mit etwas Glück hat ein Stellwagen am Oytalhaus noch Plätze frei. Sonderfahrten können vom Oytalhaus angefordert werden, Kostenfrage!

Eine strenge, aber sehr schöne Tagestour! Auf Grund der Höhenlage muß bis zum Beginn der Sommermonate mit Altschneeresten gerechnet werden.

Edelweiß

Oberstdorf

Tour **24**

Oberstdorf

Kategorie
3 Stiefel

Routenverlauf
Parkplatz Oybele Festhalle – Gerstruben – Älpelesattel – Oytal – Parkplatz

Höhenunterschiede
Ca. 980 m

Zeitaufwand
6 bis 7 Stunden

Einkehrmöglichkeiten
Gasthaus Gerstruben, Dietersbach Alpe, Käser Alpe, Untere Gutenalpe, Oytalhaus. Aktuelle Öffnungszeiten erfragen!

Auskünfte
Alpine Beratungsstelle, Tel. 0 83 22/70 02 00
Oytalhaus, Tel. 0 83 22/47 97
Stellwagenverkehr, Tel. 0 83 22/9 62 10 oder 48 46

Kartenmaterial
Zumstein Wanderkarte Nr. 4, »Oberstdorf«, M 1:30 000, AVA Verlag, Porschestraße 2, 87437 Kempten

Silberdisteln

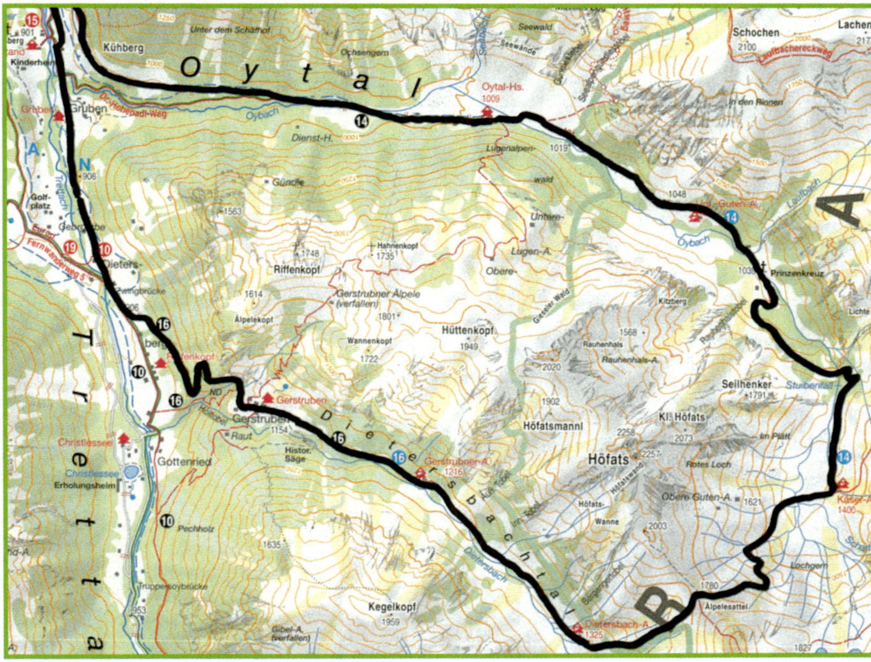

Von der Oybelehalle folgt man dem Weg südlich nach Gruben und Dietersberg an der Trettach entlang. Hinter der Zwingbrücke biegt links ein Sträßle ab, das in vielen Kurven nach Gerstruben hinaufführt. Alternativ könnte man noch etwa 700 Meter weitergehen und dann den steilen Weg durch den Hölltobel nehmen. In Gerstruben (1154 m) sind es die schönen Holzhäuser wert, ein bißchen zu rasten. Nur leicht ansteigend führt nun der Weg ins Tal des Dietersbaches in südlicher Richtung. An der neuerbauten Dietersbachalpe (1325 m, bew.) aber beginnt der schweißtreibende Aufstieg zum Älpelesattel (1780 m). Von ihm hat man schöne Ausblicke Richtung Höfats, Wilde, Rauheck und andere der hohen Berge dieser Gegend. Der Abstieg zur Käseralpe (1400 m, bew.) ist anfangs steil. Von der Alpe ins Tal führt ein befahrbarer (aber gesperrter) Weg vorbei an Stuibenfall und Prinzenkreuz zur Unteren Gutenalpe (1030 m, bew.) und weiter zum Oytalhaus (1004 m, bew.). Mit ein bißchen Glück findet man dort einen Stellwagen, der einen mit nach Oberstdorf nimmt, ansonsten stehen nochmals 80 bis 90 Minuten zu Fuß an.

Eine Tour für Ausdauernde, die einmal in die alpine Region vordringen möchten ohne gleich Gipfel zu besteigen.

Tour 25

Oberstdorf

Kategorie	2 Stiefel
Routenverlauf	Parkplatz Fellhornbahn – Auffahrt zum Gipfel des Fellhorns – Söllereck-Söllerhaus – Schwand-Ringang-Parkplatz
Höhenunterschied	Bergauf nicht nennenswert Bergab ca. 1080 m
Zeitaufwand	4 1/2 bis 5 Stunden
Einkehrmöglichkeiten	Söllerhaus, Hochleite, Schwand sowie an der Talstation der Fellhornbahn. Aktuelle Öffnungszeiten erfragen!
Auskünfte	Alpine Auskünfte, Tel. 0 83 22/70 02 00 Fellhornbahn, Tel. 0 83 22/30 35
Kartenmaterial	Zumstein Wanderkarte Nr. 4, »Oberstdorf«, M 1:30 000, AVA Verlag, Porschestraße 2, 87437 Kempten

Fellhornbahn

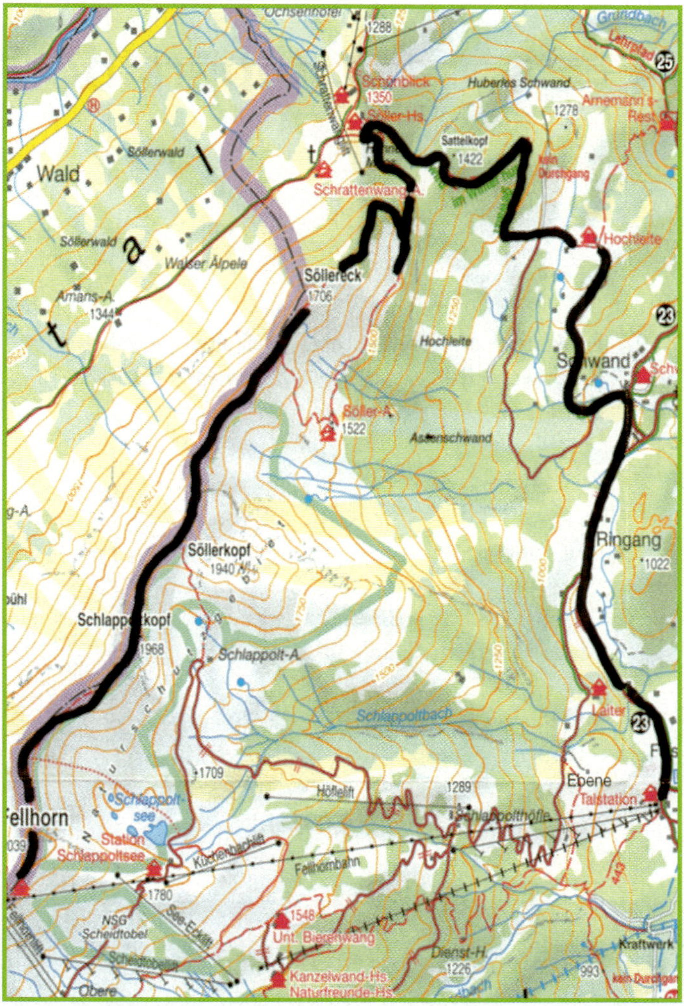

Von der Gipfelstation der Fellhornbahn wendet man sich auf einem gut hergerichteten Weg zum nahen Gipfel des Fellhorns (2039 m), von dem aus man eine unwahrscheinlich gute Rundumsicht auf die Allgäuer und Kleinwalsertaler Bergwelt hat. Die Fortsetzung des Weges folgt dam Kammverlauf nach Norden, vorbei am Schlappoltkopf zum Söllereck (1706 m). Hier steigt man nordöstlich ab und schlägt die Route zum Söllerhaus (1350 m) ein. Nun folgt der östliche Abstieg ins Stillachtal, teils durch Wald, hinunter nach Schwand (950 m), wobei man das Gasthaus Hochleite passieren kann. Wer bei der Wegabzweigung geradeaus weitergeht, kommt ebenfalls nach Schwand. (Einkehr möglich). Der Rückweg über Ringang zum Parkplatz (910 m) ist nur eine Sache von etwa 45 Minuten. Diese Wanderung zehrt von der herrlichen Aussicht sowohl vom Fellhorngipfel als auch vom weiteren Kammverlauf bis zum Söllereck. Dabei sind die Tiefblicke ins Kleinwalsertal (Der Weg folgt exakt der Grenze) besonders hervorzuheben.

Tour **26**

Oberstdorf

Kategorie	**1 Stiefel**
Routenverlauf	**Parkplatz an der Nebelhornbahn – Wallraffweg – Gaisalpe – Tobelweg – Reichenbach – Rubi (Hangweg) – Dummelsmoosbrücke – Parkplatz**
Höhenunterschied	**Ca. 350 m**
Zeitaufwand	**4 1/2 Stunden**
Einkehrmöglichkeiten	**Gaisalpe, Gasthöfe in Reichenbach oder Rubi (kleine Abstecher). Aktuelle Öffnungszeiten erfragen**
Auskünfte	**Kurbetriebe Oberstdorf, Tel. 0 83 22/70 00**
Kartenmaterial	**Zumstein Wanderkarte Nr. 4, »Oberstdorf«, M 1:30 000, AVA Verlag, Porschestraße 2, 87437 Kempten**

Gipfelkreuz Rubihorn

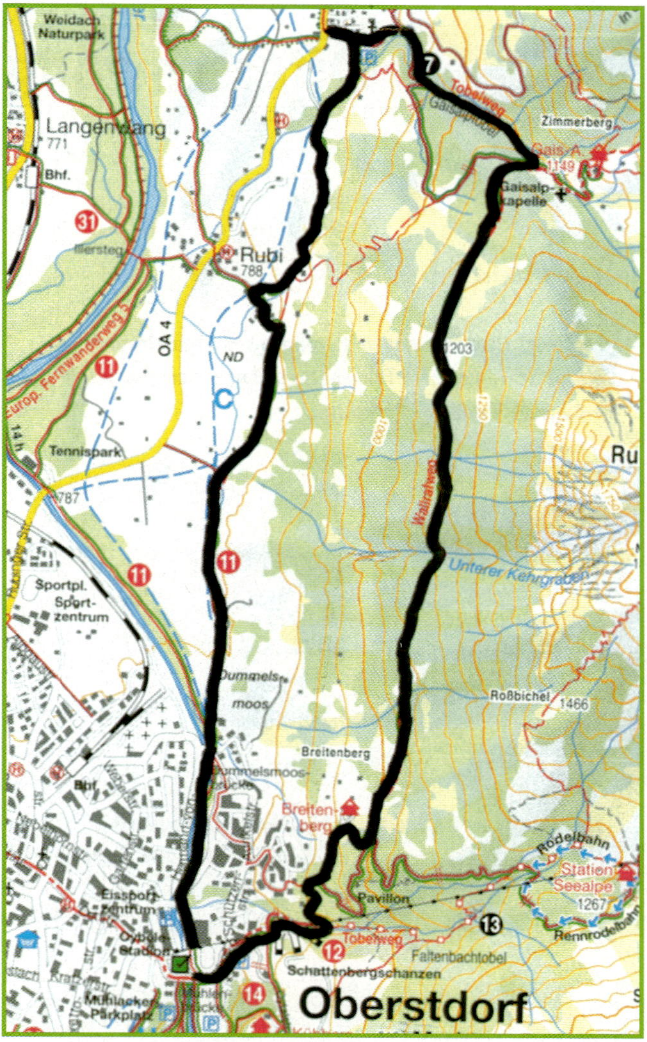

Vom Parkplatz aus folgt man der Straße, die an den Sprungschanzen vorbei Richtung Seealpe führt. An einer Abzweigung ist nach links der Wallraffweg ausgeschildert. Dieser zieht sich nördlich, zumeist leicht bergauf, an der Westseite des Rubihornes in halber Hanghöhe dahin und vermittelt immer wieder sehr schöne Aussichten. Bei der Gaisalpkapelle trifft er auf den Fahrweg, der von Reichenbach zur Gais-alpe führt. Ihm folgt man jetzt noch eine Viertel-stunde zur bewirtschafteten Gaisalpe (1149 m) hinauf. Zurück geht es ein kurzes Stück auf demselben Weg, dann biegt beim Gaisbach der Tobelweg rechts ab und führt durch den romantischen Tobel hinunter nach Reichenbach. Kurz davor treffen Tobel- und Fahrweg wieder zusammen. Vom dortigen Parkplatz verläuft nun ein Weg östlich oberhalb der Kreisstraße OA 4 Richtung Oberstdorf. An der Dummelsmoosbrücke trifft man auf die Trettach, der man jetzt flußaufwärts bis zum Parkplatz folgt.

Dies ist eine schöne Runde, die nicht zu sehr anstrengend und doch wegen der Aussicht lohnend ist.

Tour 27 Ofterschwang

Kategorie	**1 bis 2 Stiefel**
Routenverlauf	**Parkplatz Ofterschwanger-Horn-Bahn – Buchenschwandalpe – Alpe Schwinggund – Fahnengehrenalpe – Panoramaweg – Allgäuer Berghof – Parkplatz**
Höhenunterschied	**480 m**
Zeitaufwand	**3 1/2 bis 4 Stunden**
Einkehrmöglichkeiten	**Alpe Fahnengehren, Allgäuer Berghof Aktuelle Öffnungszeiten erfragen!**
Auskünfte	**Verkehrsamt Außenstelle Ofterschwang, Tel. 0 83 21/2 67 41**
Kartenmaterial	**Zumstein Wanderkarte Nr. 6, »Sonthofen-Immenstadt«, M 1:30 000, AVA Verlag, Porschestraße 2, 87437 Kempten**

Vom Parkplatz schlägt man den Weg in südliche Richtung ein, der über das Gebiet der Buchenschwandalpe bis oberhalb von Sigiswang führt. Hier mündet er in jene Route ein, die von der Bushaltestelle in Sigiswang (bei einem einzeln stehenden Haus) heraufkommt. Man folgt nunmehr der Richtung zur Alpe Schwinggund und Kahlrückenalpe, biegt aber, bevor man letztere erreicht hat, rechts ab und steigt etwa knapp 300 Höhenmeter zur Alpe Fahnengehren (1350 m, bew.) hinauf. Der weitere Weg führt jetzt in nördliche Richtung auf das Ofterschwanger Horn (1406 m) zu, weicht aber seinem Gipfel (der unschwierig von der Ostseite erstiegen werden kann) aus und leitet den Wanderer

als sog. »Panoramaweg« hinunter zum Allgäuer Berghof (1205 m, bew.). Der Name des Weges kommt nicht von ungefähr: Ständig hat man eine schöne Aussicht nicht nur ins Illertal, sondern auch auf die das Illertal begrenzenden Berge und die höheren Gipfel in südöstlicher Richtung. Der Rückweg folgt dem Wegweiser über die Sonneckhütten zurück nach Ofterschwang. Eine empfehlenswerte Tour ohne größere Schwierigkeiten!

Blick auf Ofterschwang

Tour **28**

Rettenberg

Kategorie	**1 bis 2 Stiefel**
Routenverlauf	**Parkplatz unterhalb Kammeregg-Alpe – Kammeregg – Grünten – Grüntenhütte – Parkplatz**
Höhenunterschied	**650 m**
Zeitaufwand	**3 1/2 bis 4 Stunden**
Einkehrmöglichkeiten	**Alpe Kammeregg, Grüntenhütte** **Aktuelle Öffnungszeiten erfragen!**
Auskünfte	**Gäste- und Sportamt Rettenberg, Tel. 0 83 27/9 30 40**
Kartenmaterial	**Zumstein Wanderkarte Nr. 6, »Immenstadt«, M 1:30 000, AVA Verlag, Porschestraße 2, 87437 Kempten**

Oberhalb des großen Steinbruchs am Grünten gibt es einen kleinen Parkplatz. Von ihm wandert man über den Alpweg zur nahen Alpe Kammeregg (1180 m, bew.) hinauf und steigt weiter über einen Wiesenpfad auf den Grünten zu. Bald wird der Pfad etwas steiler, ist aber immer gut begehbar. Am Gratrücken kommt man zum »Kalten Brunnen« und wendet sich nun westlich über die Skiabfahrt steil hinauf zu der Bergstation des Liftes. Von hier führt der Weg weiter in Serpentinen, bevor man schließlich über eine Felsenstufe in den Bereich des Gipfels kommt. Auf der höchsten Stelle (1738 m) steht das bekannte Jägerdenkmal, von dem aus man eine umfassende Fernsicht hat, die von der Zugspitze bis zum Säntis reicht! Auf dem kleinen Felsenkopf daneben ist ein schmiedeeisernes Gipfelkreuz einen Besuch wert. Der Abstieg führt zunächst

wieder zurück zum »Kalten Brunnen«, dann aber geradeaus hinab zur sichtbaren Grüntenhütte (1477 m, bew.). Zu ihr kommt der Alpweg vom Parkplatz herauf. Man folgt ihm jetzt ins Tal zurück.

Rettenberg mit Grünten

Tour 29 Rettenberg

Kategorie	**1 Stiefel**
Routenverlauf	**Rettenberg – Kalchenbach – Sterklis – Bommen – Hinterberg – Falkenstein – Pavillon – Rettenberg**
Höhenunterschied	**300 m**
Zeitaufwand	**3 Stunden**
Einkehrmöglichkeiten	**Gasthöfe »Adler«, »Engel« und »Jägerwinkl« in Rettenberg. Aktuelle Öffnungszeiten erfragen!**
Auskünfte	**Gäste- und Sportamt Rettenberg, Tel. 0 83 27/9 30 40**
Kartenmaterial	**Zumstein Wanderkarte Nr. 6, »Sonthofen-Immenstadt«, M 1:30 000, AVA Verlag, Porschestraße 2, 87437 Kempten**

Das Brauereidorf Rettenberg

Von Ortsmitte Rettenberg (Maibaum) schlägt man den Weg nach Kalchenbach ein, der sich durch Wiesen abseits der Staatsstraße 2007 nach Osten zieht. In Kalchenbach biegt man auf der dortigen Straße links ab und folgt ihr bis zum Weiler Bommen. Dort wendet man sich links ab und erreicht über einen Feldweg den Weiler Hinterberg (1040 m). Vor dem Bauernhof, bei dem die Asphaltstraße endet, schlägt man nun den Weg nach Nordwesten ein und wandert etwa 200 Meter aufwärts. Bei einem Schild biegt links ein Wiesenpfad ab, der über den Gratrücken des Rottachberges, bald durch Wald und über Nagelfluhbänke zum höchsten Punkt, dem Falkenstein (1116 m), führt. Am Gipfelkreuz hat man eine der schönsten Aussichten auf das Bergstättgebiet bei Immen-stadt und vor allem auf das Illertal, das man bis Kempten verfolgen kann. Auch die Nagelfluhketten im Westen bieten von hier oben einen sehenswerten Anblick. Der Abstieg führt jetzt westlich in eine Wiesensenke hinab und jenseits ein Stück empor. Nach der Stelle, an der ein kleines Sicherungsseil hängt, folgt man dem Pfad an der Hangkante geradeaus und kommt durch Wald und später über Weideflächen zu dem wegen seiner Aussicht bekannten »Pavillon«. Von hier nach Rettenberg hinab sind es nur wenige Minuten.

Tour 30 Sonthofen

Kategorie	**1 Stiefel**
Routenverlauf	**Sonthofen/Staig – Breiten-Bildstöckle – Vorderhindelang – Reckenberg – SF/Staig**
Höhenunterschied	**400 m**
Zeitaufwand	**4 1/2 Stunden**
Einkehrmöglichkeiten	**Vorderhindelang, Tiefenbach, Walten Aktuelle Öffnungszeiten erfragen!**
Auskünfte	**Gästeamt Sonthofen, Tel. 0 83 21/61 52 91 Kurverwaltung Hindelang, Tel. 0 83 24/89 20**
Kartenmaterial	**Zumstein Wanderkarte Nr. 6s, »Sonthofen«, M 1:30 000, AVA Verlag, Porschestraße 2, 87437 Kempten**

Vom Parkplatz in Walten wandert man auf dem Sträßlein Richtung Unterried und folgt weiter der Alpstraße hinauf bis zu den aussichtsreich gelegenen Häusern von Breiten (1045 m). Von hier führt nun die Straße (für den öffentlichen Verkehr gesperrt) über die Südhänge des Tiefenbacher-Eck-Rückens bis zum »Bildstöckle« (1299 m) weiter und vermittelt unterwegs immer wieder wunderschöne Aussichtspanoramen. Das Bildstöckle liegt auf einem Sattel, jenseits ist das Gebiet um die Starzlach, die tief unten der Klamm bei Winkel entgegenfließt. Von diesem schönen Platz wendet man sich dem Wegweiser nach Richtung Vorderhindelang und steigt all die gewonnenen Höhenmeter wieder abwärts! Doch die Aussicht belohnt einen. Beim Abzweig nach Gailenberg

Älpler mit Kuh

folgt man diesem ein kleines Stück und biegt wieder rechts ab, um durch den Schachentobel nach Vorderhindelang zu kommen. Hier folgt man dem Weg nach Reckenberg, also westlich, und gelangt hoch über der Hauptstraße zu diesem Hindelanger Ortsteil. Nun geht es westlich hinab bis zu einer Abzweigung links Richtung Hauptstraße. Hier wendet man sich aber geradeaus nach Tiefenbach und von dort das kurze Stück nach Staig zurück.

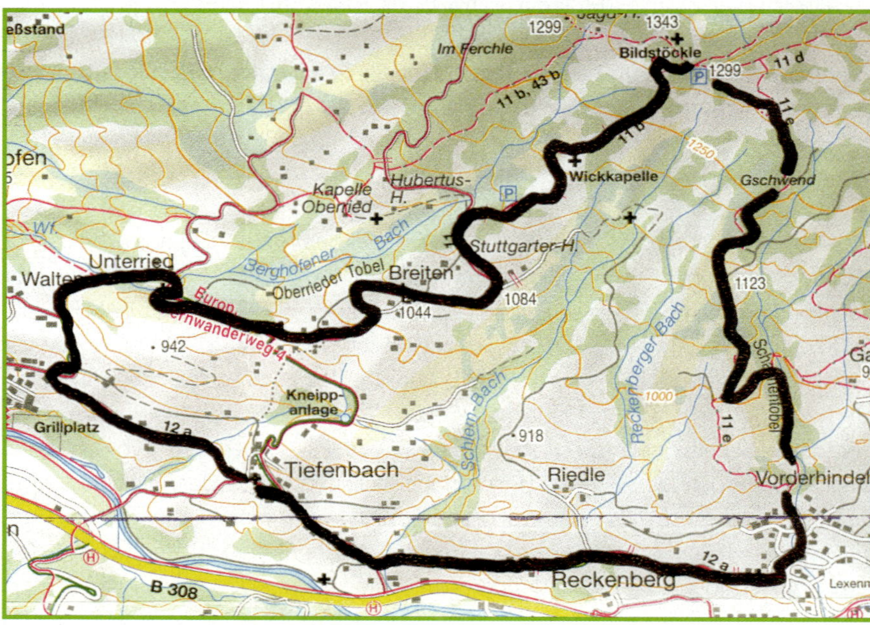

Tour **31**

Sonthofen

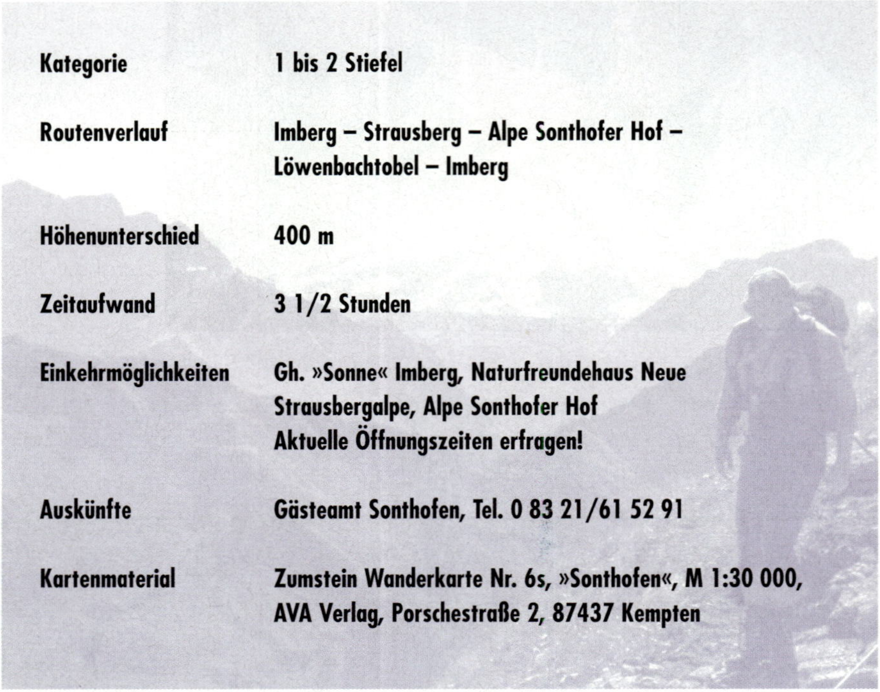

Kategorie	**1 bis 2 Stiefel**
Routenverlauf	**Imberg – Strausberg – Alpe Sonthofer Hof – Löwenbachtobel – Imberg**
Höhenunterschied	**400 m**
Zeitaufwand	**3 1/2 Stunden**
Einkehrmöglichkeiten	**Gh. »Sonne« Imberg, Naturfreundehaus Neue Strausbergalpe, Alpe Sonthofer Hof** **Aktuelle Öffnungszeiten erfragen!**
Auskünfte	**Gästeamt Sonthofen, Tel. 0 83 21/61 52 91**
Kartenmaterial	**Zumstein Wanderkarte Nr. 6s, »Sonthofen«, M 1:30 000, AVA Verlag, Porschestraße 2, 87437 Kempten**

Vom kleinen Parkplatz in Imberg wendet man sich nach Südosten und wandert auf dem Alpweg durch die Weideflächen des westlichen Strausberggebietes aufwärts. In einem Bogen geht es um den Bärmbichel südlich herum bis weiter oben eine Wegegabelung erreicht wird. Geradeaus kommt man zur Strausberghütte (1211 m, bew.). Man biegt aber rechts ab und sieht bald das Naturfreundehaus (1200 m, teilw. bew.). Von ihr steigt man noch weiter in den Strausbergsattel, wo man sich rechts wendet und über einen markierten Weg nordwestlich zur Alpe Sonthofer Hof (1180 m, bew.) wandert. Der Weg ist einfach zu laufen. Beim weiteren Abstieg von dieser Alpe über den Alpweg muss man darauf achten, dass man vor der ersten größeren Linkskurve den Abzweig nach rechts

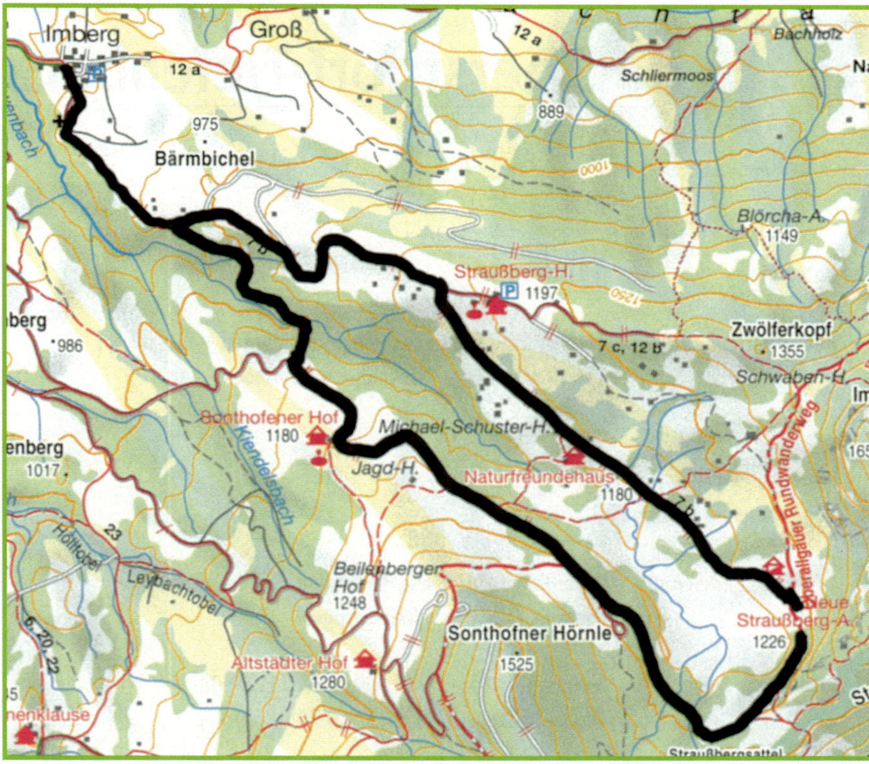

nicht übersieht. Er führt in das Gebiet des Löwenbachtobels, quert ihn und verläßt ihn auf der Nordseite wieder, um auf die Straße Imberg-Strausberg zu treffen. Ihr folgt man nach Imberg zurück.

Kühe an einer Tränke

Tour 32 Oberstdorf-Tiefenbach

Kategorie	**1 bis 2 Stiefel**
Routenverlauf	**Tiefenbach – Rohrmoos – Alpe Dinigörgen – Piesenkopf (1630 m) – Neue Piesenalpe – Rohrmoos**
Höhenunterschied	**560 m**
Zeitaufwand	**5 Stunden**
Einkehrmöglichkeiten	**Alpe Dinigörgen, Neue Piesenalpe, Gasthof Rohrmoos Aktuelle Öffnungszeiten erfragen!**
Auskünfte	**Kurbetriebe Oberstdorf, Tel. 0 83 22/70 00 Alpine Auskunft, Tel. 0 83 22/70 02 00**
Kartenmaterial	**Zumstein Wanderkarte Nr. 4, »Oberstdorf«, M 1:30 000, AVA Verlag, Porschestraße 2, 87437 Kempten**

Innenansicht der hölzernern Kapelle in Rohrmoos

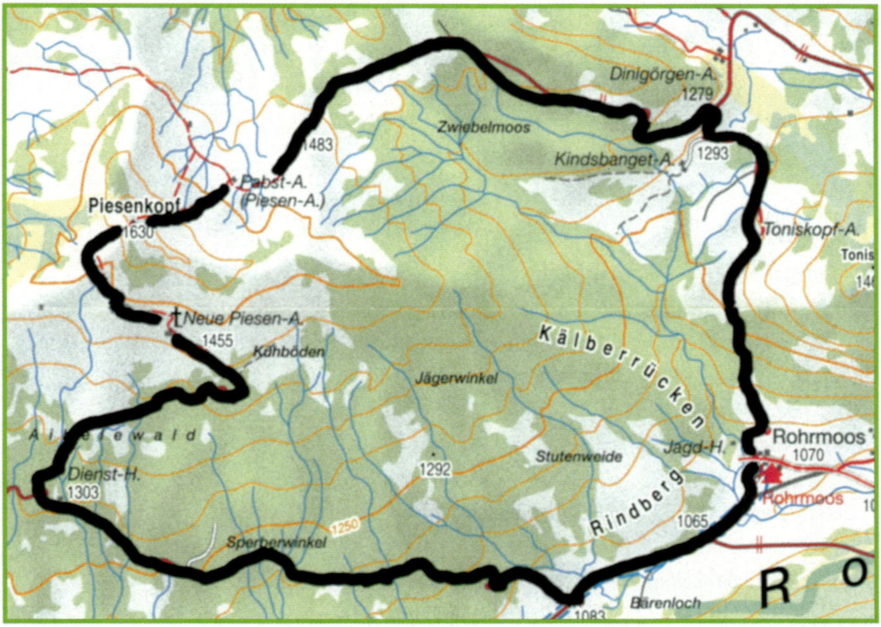

Vom Parkplatz in Rohrmoos (Straße mautpflichtig) führt ein ausgeschilderter Weg nördlich hinauf. Zuerst über Weideböden, dann durch Wald überwindet er eine steile Stufe und wechselt in Höhe der Alpe Toniskopf wieder in Alpgebiet. Ein weiter Kessel wird durchschritten, links sieht man die Alpe Kindsbanget und rechts die Alpe Dinigörgen liegen. Genau dazwischen biegt ein neuer Weg links ab und führt westlich in die Feuchtgebiete um den Piesenkopf. Man muss einem ausgesteckten Pfad genau folgen, damit von der schönen Flora nichts zerstört wird und man trockenen Fußes durch die feuchten Wiesen kommt. Über das Alpgebiet der Alten Piesenalpe führt der Weg Richtung Gipfel auf den Grat hinauf, der sich dort nach Osten abwärts erstreckt. Über ihn ist der grasbewachsene, aussichtsreiche und lohnende Gipfel (1630 m) bald erreicht. Der Abstieg, westlich hinab, bringt einen im Bogen um den Piesenkopf herum auf dessen Südseite. Hier sieht man schon von weitem die Neue Piesenalpe (1455 m, bew.) liegen, eine schöne Sennalpe, die von Vorarlberger Sennen bewirtschaftet wird. Eine herrliche Aussicht entschädigt einen für den weiten Rückweg nach Rohrmoos, der der Alpstraße folgt. In Rohrmoos sollte man sich unbedingt die Hölzerne Kapelle ansehen, eines der ältesten Gotteshäuser unserer Gegend.

Tour 33 Oberstdorf-Tiefenbach

Kategorie	**1 Stiefel**
Routenverlauf	**Tiefenbach – Breitachklamm – Hinterenge – Sesselalpe – Tiefenbach**
Höhenunterschied	**Ca. 240 m**
Zeitaufwand	**3 1/2 Stunden**
Einkehrmöglichkeiten	**Sesselalpe, Dornachalpe, Gh. Breitachklamm Aktuelle Öffnungszeiten erfragen!**
Auskünfte	**Kurbetriebe Oberstdorf, Tel. 0 83 22/70 00 Breitachklamm, Tel. 0 83 22/48 87**
Kartenmaterial	**Zumstein Wanderkarte Nr. 4, »Oberstdorf«, M 1:30 000, AVA Verlag, Porschestraße 2, 87437 Kempten**

Das Naturschauspiel Breitachklamm

Das erste Ziel dieser Wanderung ist die Breitachklamm, ein grandioses Naturschauspiel, das seinesgleichen weit suchen muß! Himmelhohe Felswände lassen kaum noch Tageslicht hindurch und die tosende Breitach, einer der Quellflüsse der Iller, sucht sich ihren Weg durch Spalten, Gumpen und Engen. Ganz gebannt vom Erlebten steigt man am Ende der Breitachklamm nicht zur Hauptstraße hinauf, sondern folgt der Breitach auf der westlichen Seite flussaufwärts. Nachdem man die »Grenze« überschritten hat, sieht man bald das Gasthaus »Waldhaus« voraus liegen. Vielleicht möchte jemand dorthin einen Abstecher machen? Ansonsten biegt man rechts ab zum »Fuchsloch«. Hier darf man einen kleinen Pfad nicht übersehen, der nördlich haltend durch Wiesen zurück über die Grenze in das Gebiet der Hinteren Enge führt. Es folgt nunmehr ein längerer Rückweg über »In der Ewigkeit«. Er bringt einen zunächst zur Alpe Dornach (970 m, bew.), dann zur Sesselalpe (1000 m, bew.). Ab hier folgt man entweder dem Alpweg hinab zur Breitach und zum Parkplatz, oder einer Abkürzung, die aber steiler ist. Eine schöne Wanderung, die zumindest im zweiten Teil nicht überlaufen ist.

Tour **34**

Wertach

Kategorie	**2 Stiefel**
Routenverlauf	**Parkplatz am Königssträßle – Alpe Schnitzlertal – Wertacher Hörnle – Kalbel Alpe – Parkplatz**
Höhenunterschied	**690 m**
Zeitaufwand	**4 1/2 bis 5 Stunden**
Einkehrmöglichkeiten	**Alpe Schnitzlertal** **Aktuelle Öffnungszeiten erfragen!**
Auskünfte	**Touristikinformation Wertach, Tel. 0 83 65/2 66**
Kartenmaterial	**Zumstein Wanderkarte Nr. 2, »Nesselwang«, M 1:30 000, AVA Verlag, Porschestraße 2, 87437 Kempten**

Wertach – Blick in Richtung Grünten

Der Parkplatz liegt westlich von Wertach neben der Straße Richtung Immenstadt in 1000 m Höhe (auch Bushalt). Von hier wandert man eine weite Strecke, die viel durch Wald verläuft, denn das Wertacher Hörnle, auf das man zugeht, gehört mit seinen nördlichen und westlichen Hängen noch zu den waldreichsten Gebieten dieser Gegend. Nachdem die Alpstraße aber für den öffentlichen Verkehr gesperrt ist, wandert man ungeniert. Hat man Kinder dabei (vielleicht nicht unter 10 Jahren!), so muss man sich unterwegs hin und wieder etwas ausdenken, um ihren Ehrgeiz weiterhin anzustacheln. Die Alpe Schnitzlertal (1440 m, bew.) ist die einzige Einkehrstation dieses Rundwegs. Von ihr zum Gipfel des Wertacher Hörnles (1695 m) sind es 30 bis 40 Minuten. Der Aufstieg lohnt auf jeden Fall, da die Aussicht in die Berge im Süden und Osten bemerkenswert ist. Auch der Blick Richtung Grünten offenbart so manche interessante Stelle. Danach steigt man zur Alpe Schnitzlertal zurück, folgt dort aber dem Weg über die Kalbel Alpe (evtl. den Hirten fragen!) hinunter, der kurz vor der Einmündung der Wert-acher Starzlach in den Schwellbach wieder auf den Hinweg trifft. Zurück zum Parkplatz ist es jetzt nicht mehr weit.

Tour 35 Wertach

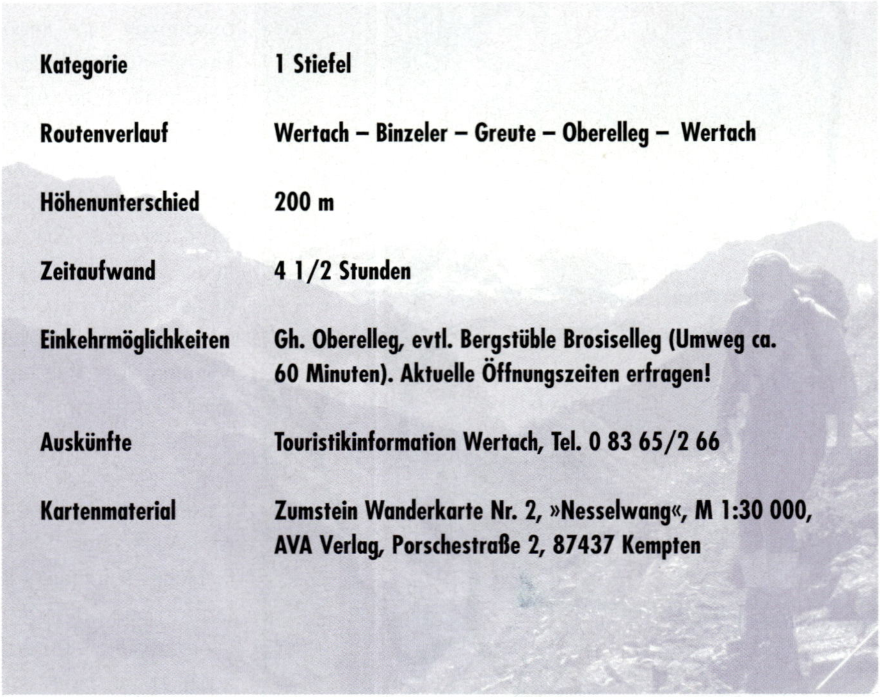

Kategorie	1 Stiefel
Routenverlauf	Wertach – Binzeler – Greute – Oberelleg – Wertach
Höhenunterschied	200 m
Zeitaufwand	4 1/2 Stunden
Einkehrmöglichkeiten	Gh. Oberelleg, evtl. Bergstüble Brosiselleg (Umweg ca. 60 Minuten). Aktuelle Öffnungszeiten erfragen!
Auskünfte	Touristikinformation Wertach, Tel. 0 83 65/2 66
Kartenmaterial	Zumstein Wanderkarte Nr. 2, »Nesselwang«, M 1:30 000, AVA Verlag, Porschestraße 2, 87437 Kempten

Von einem Parkplatz in Wertach hält man sich an die nordwestliche Richtung, wenn man den Ort verlässt. Ein Wegweiser »Binzeler« leitet einen über Lourdesgrotte und Grünen Lehrpfad sanft ansteigend auf die Elleger Höhe hinauf. Beim Weiler Binzeler hat man die Höhe erreicht und genießt fortan nach allen Seiten eine schöne Fernsicht. Möchte man noch etwas mehr leisten, so kann man sich in Binzeler links wenden und bis Brosiselleg wandern, um dort im gemütlichen Bergstüble (1077 m) einzukehren. Danach muss man aber wieder bis Binzeler zurückgehen. (Gesamtumweg ca. 1 Std. plus Einkehr!) Auf der Höhe geht es nun von Binzeler weiter nach Gereute, wobei der Blick auf die Berge um Wertach und in das Ostallgäu sehr hübsch ist! Gereute: Das sind nur

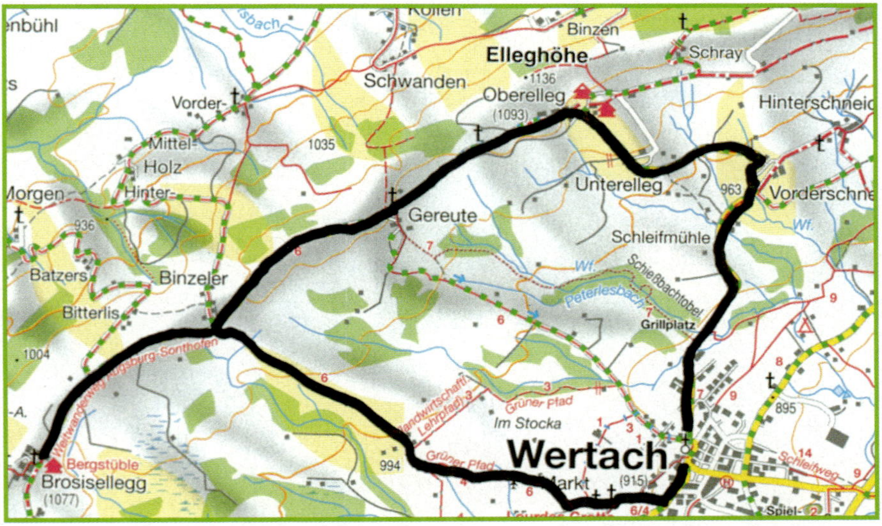

3 Häuser und eine winzige Kapelle, an der man vorbeikommt. Der Weiterweg nach Oberelleg (1093 m, Gh. bew.) ist kurz. Von dort steigt man von dieser aussichtsreichen Plattform wieder hinab ins Tal und kehrt über Unterelleg zum Ausgangspunkt zurück.

Grüntensee

Tour 36 Grünenbach

Kategorie	**1 bis 2 Stiefel**
Routenverlauf	**Parkplatz Eistobelbrücke – Eistobel – Riedholzer Kugel – Riedholz – Parkplatz**
Höhenunterschied	**380 m**
Zeitaufwand	**3 1/2 bis 4 Stunden**
Einkehrmöglichkeiten	**Gh. Eistobelbrücke, Gh. in Riedholz Aktuelle Öffnungszeiten erfragen!**
Auskünfte	**Verkehrsamt Grünenbach, Tel. 0 83 83/71 41 Verkehrsamt Maierhöfen, Tel. 0 83 83/9 80 40**
Kartenmaterial	**Zumstein Wanderkarte Nr. 8, »Oberstaufen«, M 1:35 000, AVA Verlag, Porschestraße 2, 87437 Kempten, »Wanderkarte Maierhöfen«, erhältlich bei den Verkehrsämtern Grünenbach und Maierhöfen**

Der Zugang zum berühmten Eistobel liegt zwischen Grünenbach und Maierhöfen bei der Argentobelbrücke (54 m hoch, 204 m lang). Man steigt zur Argen hinunter und folgt ihr flußaufwärts. Nach einer Viertelstunde beginnt jener Teil der Schlucht, der wegen der bezaubernden Eisbildung im Winter den Namen »Eistobel« erhalten hat. Tosende Wasserfälle, smaragdgrüne Becken, harte Nagelfluhbänke, in Felsen gesprengte Wege bilden ein Szenarium, das seinesgleichen sucht. Am obersten Wasserfall führt der Weg hoch über die Argen auf die andere Seite. Hier biegt man vom weiteren Weg durch den Eistobel links ab und wandert bis zur Einmün-

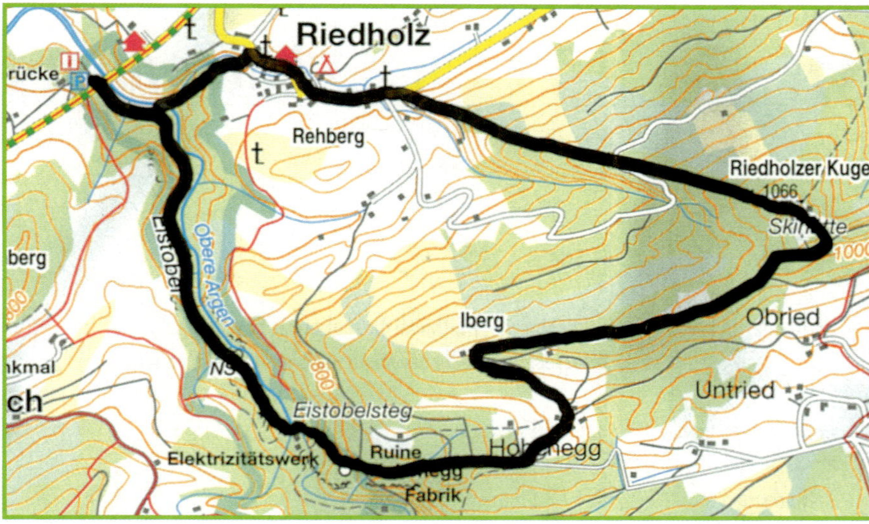

dung in den Weg Nr. 3, der von Maierhöfen herkommt. Diesem folgt man rechts abbiegend und steigt über den westlichen Rücken zur Riedholzer Kugel (1066 m) hinauf, die sehr aussichtsreich ist. Von dort geht es dann den Weg Nr. 5 in nordwestlicher Richtung durch Wald und Lichtungen bis nach Riedholz (730 m) hinab, wo man einkehren kann. Von hier bis zum Parkplatz zurück ist es nur noch ein Katzensprung.

Isny – Eistobel

Tour 37 Lindenberg

Kategorie	**1 Stiefel**
Routenverlauf	**Lindenberg – Reithalle-Blasenberg – Scheidegg – Wasserfälle – Allmannsried – Waldsee – Lindenberg**
Höhenunterschied	**Ca. 150 m**
Zeitaufwand	**4 1/2 Stunden**
Einkehrmöglichkeiten	**Blasenberg, Scheidegg, Gretenmühle, Waldsee** **Aktuelle Öffnungszeiten erfragen!**
Auskünfte	**Tourist Information Lindenberg, Tel. 0 83 81/8 03 28, Fax 8 03 88**
Kartenmaterial	**Zumstein Wanderkarte Nr. 8, »Oberstaufen«, M 1:35 000, AVA Verlag, Porschestraße 2, 87437 Kempten, Karte »Wanderwege rund um Lindenberg«, M 1:20 000, erhältlich im Gästeamt Touristinformation, Stadtplatz, 88161 Lindenberg i.A., Tel. s. o.**

Scheidegger Wasserfall

Von der Stadtmitte (762 m) wendet man sich über die Hirsch- zur Hansenweiherstraße und folgt dem Weg an der Reithalle vorbei nach Südwesten. Nach Überqueren der B 308 hält man sich Richtung Scheidegg, erreicht über

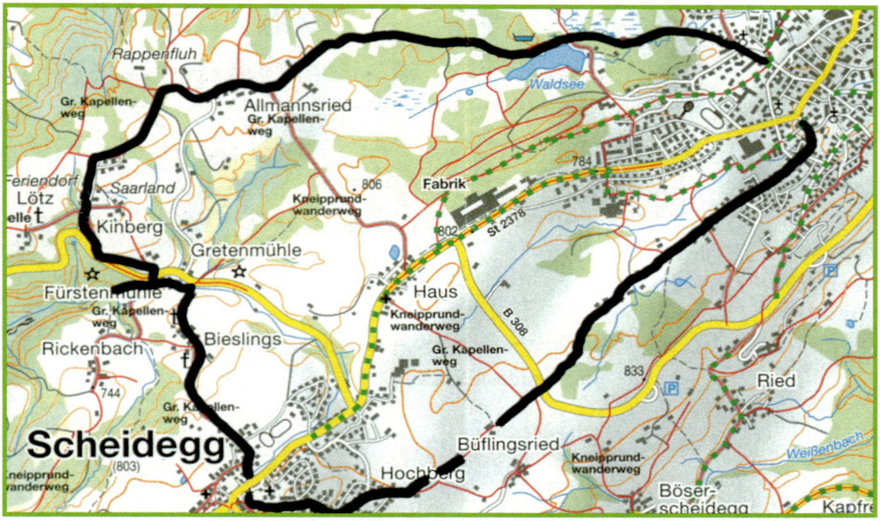

die Hochbergstraße die Blasenbergstraße und wendet sich zum Aussichtspunkt Blasenberg (»Fünfländer-Blick«!). Durch die Ortsmitte (803 m) führt die Route nördlich weiter zur Gretenmühle (735 m), wo es einen interessanten Reptilienzoo zu besichtigen gibt. Kurz dahinter, in westlicher Richtung, erreicht man die schönen Scheidegger Wasserfälle. Ein Stück muss man jetzt zurückgehen und wandert kurz entlang der B 308 (Richtung Lindau). Ein Abzweig nach rechts bringt einen hinauf zur St.-Wendelins-Kapelle und weiter bergauf über das Feriendorf Saarland nach Allmannsried (813 m). Dort hält man sich am Ortsrand in östlicher Richtung und erreicht, teilweise durch Wald, den schön gelegenen Waldsee. An seinem nördlichen Ufer folgt man dem Weg an der Badeanstalt vorbei und gelangt durch Wald zur Stadt zurück, wobei man sich kurz vor Erreichen der Fahrstraße an einer Kneippanlage erfrischen kann.

Tour 38

Maierhöfen

Kategorie	**1 Stiefel**
Routenverlauf	**Riedholz – Simmerberg-Hengelesweiher – Wolfsbühl – Scharfentöbele – Riedholz**
Höhenunterschied	**Insgesamt etwa 400 m**
Zeitaufwand	**6 Stunden**
Einkehrmöglichkeiten	**Flucken, Simmerberg, Riedholz** **Aktuelle Öffnungszeiten erfragen!**
Auskünfte	**Gästeamt Maierhöfen, Tel. 0 83 83/9 80 40**
Kartenmaterial	**Wanderkarte der Gemeinde Maierhöfen; zu beziehen über Gästeamt, Brunnenweg 2, 88167 Maierhöfen**

Wanderer

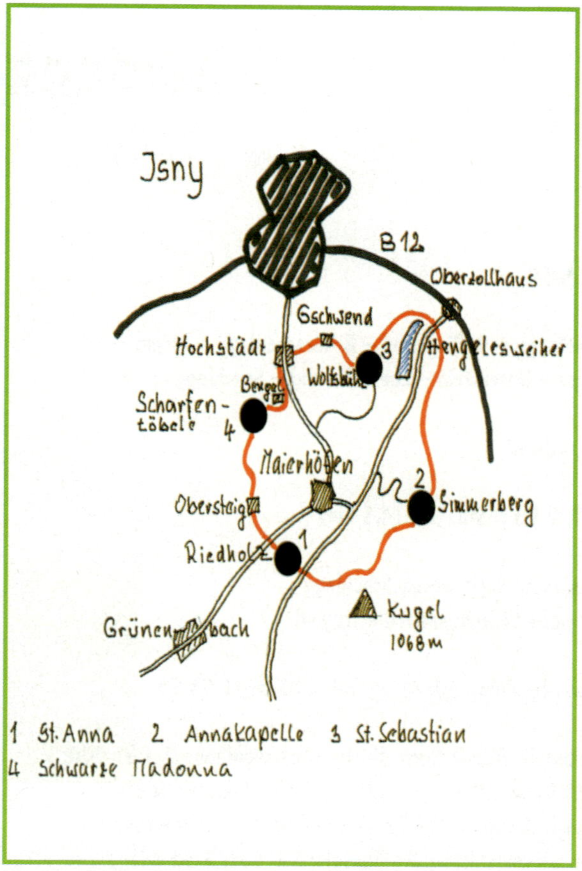

Man fährt von Maierhöfen auf der Straße Richtung Grünenbach und biegt nach etwa 1,6 km links ab Richtung Riedholz. Hier sucht man sich einen Parkplatz. Bevor man jetzt die Wandertour beginnt, sollte man unbedingt der St.-Anna-Kapelle oberhalb der Straße einen Besuch abstatten. Sie enthält einen wertvollen gotischen Flügelaltar von 1520 mit hervorragenden Figuren. (Schlüssel evtl. im Ort bei Spieler holen). Von Riedholz führt nun Weg Nr. 4 südöstlich in einem großen Bogen hinauf zu dem bekannten Feriendorf Flucken. Von hier nach Simmerberg ist es noch ein Stückchen bergauf (Weg Nr. 3), aber nicht mehr weit. Hier findet man unter der großen, schon von weitem ins Auge fallenden Linde eine kleine Kapelle, die man sich ebenfalls ansehen sollte. Maria mit den vier Evangelisten ist die Hauptgruppe im Raum, das Deckenfresko zeigt Gott mit den Büchern des Lebens und des Todes. Der Weiterweg (Nr. 29) führt nun hinab durch Wald und Wiesen zur Straße nach Oberzollhaus. Man umwandert den Hengelesweiher und biegt auf seiner Westseite rechts ab, um nach Wolfsbühl zu gelangen, wo eine weitere kleine Kapelle einen Blick wert ist. An ihr führt der Weg westlich Richtung Gschwend und weiter nach Hochstädt. Nun muss man auf der Hauptstraße ein Stück bis Anderhalbs gehen und dann rechts nach Bengel und Scharfentöbele abbiegen. Die schwarze Madonna in der dortigen Kapelle ist sehenswert. Der Weiterweg über Straß und Obersteig zur Kreuzung an der Straße Maierhöfen – Grünenbach ist einfach. Riedholz liegt dann 300 Meter dahinter.

Tour 39

Scheidegg

Kategorie	**1 Stiefel**
Routenverlauf	**Scheidegg – Buflingsried – Böserscheidegg – Ablers – Forst – Unterstein – Ebenschwand – Scheidegg**
Höhenunterschied	**Ca. 180 m**
Zeitaufwand	**4 1/2 bis 5 Std. (ca. 14,5 km)**
Einkehrmöglichkeiten	**Böserscheidegg, Forst, Scheidegg Aktuelle Öffnungszeiten erfragen!**
Auskünfte	**Kurverwaltung Scheidegg, Tel. 0 83 81/8 95 55**
Kartenmaterial	**Zumstein Wanderkarte Nr. 8, »Oberstaufen«, M 1:35 000, AVA Verlag, Porschestraße 2, 87437 Kempten oder Wanderkarte »Wege für Leib und Seele«, zu beziehen bei der Kurverwaltung, Rathausplatz 4, 88175 Scheidegg i. A.**

Kirche bei Scheidegg

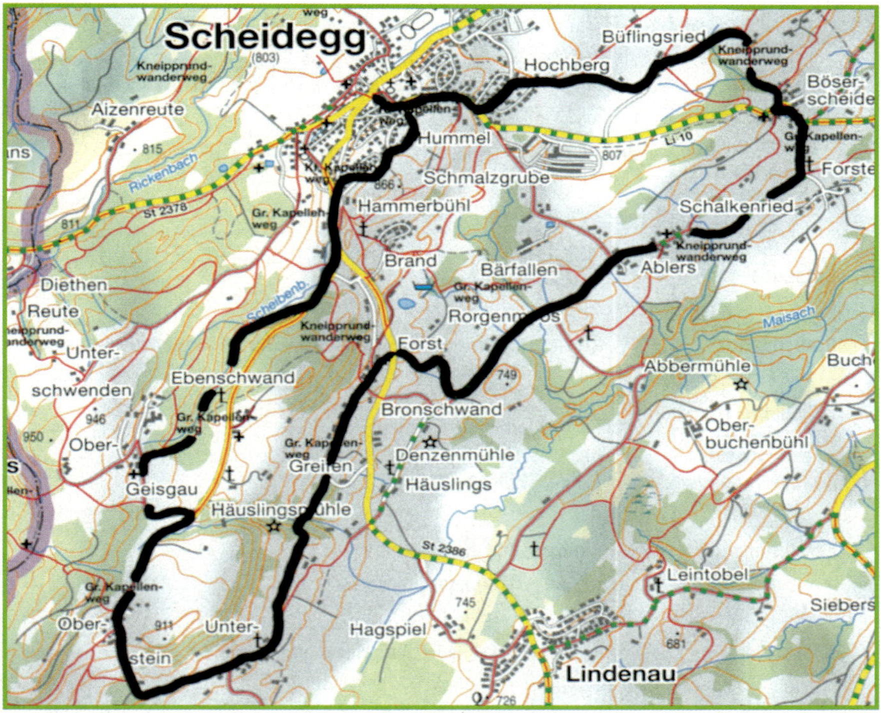

Zwischen der Pfarrkirche St. Gallus und dem Höhenweg gibt es einen Parkplatz. Von hier wendet man sich östlich und besteigt den Blasenberg, der eine besonders schöne Aussicht hat. (Fünfländerblick). Den Anstieg wieder zur Straße zurükkehrend schlägt man den Weg nach Buflingsried ein, das östlich von Scheidegg liegt. Hier trifft man auf den Großen Kapellenweg/Kneipprundwanderweg, ihm folgt man in südwestlicher Richtung. In Böserscheidegg lohnt der Besuch der Katharina- und Antonius-Kapelle. Die Route führt weiter nach Schalkenried, hier gibt es die Martinakapelle zu besichtigen. Hinter Ablers trennen sich Kapellen- und Kneipprundwanderweg, man folgt letzterem und kommt nach Forst (Einkehr). Sehenswert ist hier die ökumenische Hubertuskapelle. Nun folgt eine große Schleife, wieder auf dem Großen Kapellenweg, in südliche Richtung nach Unter- und Oberstein und über Gaisgau zurück bis Ebenschwand. (Herz-Jesu-Kapelle). Nördlich haltend wird wieder Scheidegg erreicht, wobei man rechts über den Kleinen Kapellenweg noch den Kreuzberg (866 m) mit seiner Aussicht und dem schönen Kreuz besuchen kann. Über den Höhenweg gelangt man dann zurück zum Ausgangspunkt.

Tour 40

Kleinwalsertal

Kategorie	**1 Stiefel**
Routenverlauf	**Riezlern – Hörnlepaß – Fuchsloch – Außerschwende – Riezlern**
Höhenunterschied	**230 m**
Zeitaufwand	**4 1/2 Stunden**
Einkehrmöglichkeiten	**Alpengasthof Hörnlepass Aktuelle Öffnungszeiten erfragen!**
Auskünfte	**Kleinwalsertal Tourismus Hirschegg, Tel. 0 83 29/5 11 40**
Kartenmaterial	**Zumstein Wanderkarte Nr. 5, »Kleinwalsertal«, M 1:25 000, AVA Verlag, Porschestraße 2, 87437 Kempten**

Blick auf Riezlern

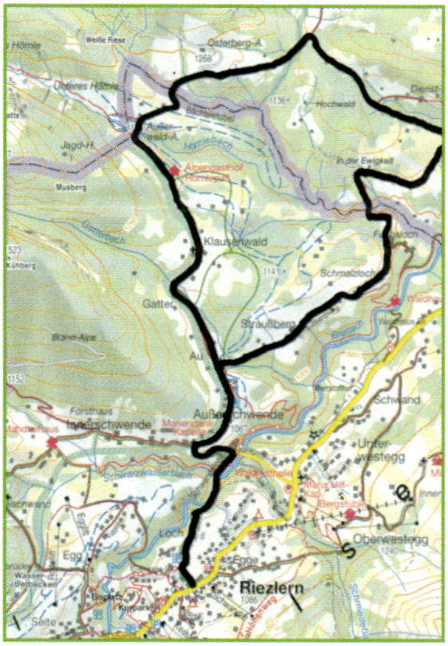

Vom Casino in Riezlern geht man in die Leo-Müller-Straße und biegt in den Fellhornweg ein. Wo dieser an seinem nördlichen Ende eine Kurve beschreibt, führt ein Weg zur Breitach hinab. An der Einmündung des Schwarzwasserbaches überschreitet man diesen und die Breitach auf der Schwendebrücke und steigt zur Mariendank-Kapelle hinauf. Nun folgt man über eine längere Strecke der Fahrstraße bis zum Gasthaus »Hörnlepaß« (1150 m, bew.). Ein Stück weiter an der Außer-wald Alpe (1165 m) führt ein Weg nördlich über die Grenze. Ihm folgt man bis zu einer Abzweigung, an der man sich rechts abwendet und die Richtung zur Hinterenge einschlägt. Dort biegt man an einer weiteren Ab-zweigung wiederum rechts ab und wandert über die Grenze zum »Fuchsloch« und über den Straußbergweg nach Schwende. Hier trifft man wieder auf den Hinweg und kehrt über bekannte Wege zum Ausgangspunkt zurück.

Eine einfache, etwas weite, aber gut zu laufende Runde, abseits von Massen und viel durch Wald.

Tour 41 Kleinwalsertal

Kategorie	3 Stiefel
Routenverlauf	Bödmen – Gemsteltal – Widdersteinhütte – Bärgunttal – Baad – Bödmen
Höhenunterschied	930 m
Zeitaufwand	6 Stunden
Einkehrmöglichkeiten	Hintere Gemstelalpe, Widdersteinhütte, Bärgunthütte, Baad, Bernhards Gemstelalpe Aktuelle Öffnungszeiten erfragen!
Auskünfte	Kleinwalsertal Tourismus Hirschegg, Tel. 0 83 29/5 11 40
Kartenmaterial	Zumstein Wanderkarte Nr. 5, »Kleinwalsertal«, M 1:25 000, AVA Verlag, Porschestraße 2, 87437 Kempten

Riezlern mit Widderstein

In Bödmen gibt es einen Parkplatz an der Breitach. Von ihm folgt man dem Weg, der in südlicher Richtung in das wunderschöne Gemsteltal hineinführt. Entlang des östlich daneben fließenden Gemstelbaches zieht sich der Weg nur leicht bergauf, passiert »Bernhards Gemstelalpe« (1300 m, bew.), danach die Hintere Gemstelalpe (1320 m, bew.) und leitet nun in steilen Serpentinen durch schrofig-felsiges Gelände zur Gemstelalpe hinauf. Besonders beeindruckend ist dabei die Klamm mit ihren senkrechten Wänden (Seilsicherung). An der Oberen Gemstelalpe (nicht bew.!) zweigt ein Weg zur Mindelheimer Hütte links ab. Man steigt aber in südlicher Richtung weiter an, bis man die Obere Widdersteinhütte (2015 m, bew.) erreicht. Nun biegt die Route nach Westen aus, umgeht den ganen Widdersteinstock im Süden und wendet sich am Hochalppass wieder nach Norden. Ein langer Abstieg ins Bärgunttal steht bevor, er ist aber gut zu machen. Nach Durchqueren von Wald steht man vor der Bärgunthütte (1391 m, bew.), die sicherlich zum Einkehren einlädt. Der Rückweg zunächst nach Baad dauert etwa 45 Minuten. Von dort zurück nach Bödmen folgt man einem Weg neben der Straße.

Tour 42 Kleinwalsertal

Kategorie	**3 Stiefel**
Routenverlauf	**Auenhütte – Ifenhütte – Hoher Ifen – Schwarzwasserhütte – Auenhütte**
Höhenunterschied	**960 m**
Zeitaufwand	**Ab Ifenhütte 5 1/2 Stunden**
Einkehrmöglichkeiten	**Ifenhütte, Schwarzwasserhütte, Auenhütte, Ifersguntalpe, Melköde. Aktuelle Öffnungszeiten erfragen!**
Auskünfte	**Kleinwalsertal Tourismus Hirschegg, Tel. 0 83 29/5 11 40** **Sesselbahn Ifen 2000, Tel. 0 83 29/53 34**
Kartenmaterial	**Zumstein Wanderkarte Nr. 5, »Kleinwalsertal«, M 1:25 000, AVA Verlag, Porschestraße 2, 87437 Kempten**

An der Auenhütte (1273 m, bew.) ist ein großer Parkplatz. Hier benutzt man am besten die Sesselbahn zur Ifenhütte (1586 m, bew.) und wendet sich dort auf einem Steig steil westlich in die Ifenmulde hinauf. Ihm folgt man bis etwa zur Hälfte der Ifenmauer, wo sich der Durchstieg befindet. Man quert die Mulde und überlistet die Mauer auf einem Steig. Auf dem Ifenplateau steigt man schräg aufwärts und erreicht das Gipfelkreuz. Die Rundumsicht ist sehr schön und lohnt den Aufstieg. Hinab geht es nach Süden zu einer Abflachung der sonst unüberwindlichen Mauer. Hier führt der Steig hindurch und erreicht die Ifersguntalpe (1751 m, bew.) und später die Schwarzwasserhütte (1620 m, bew.).

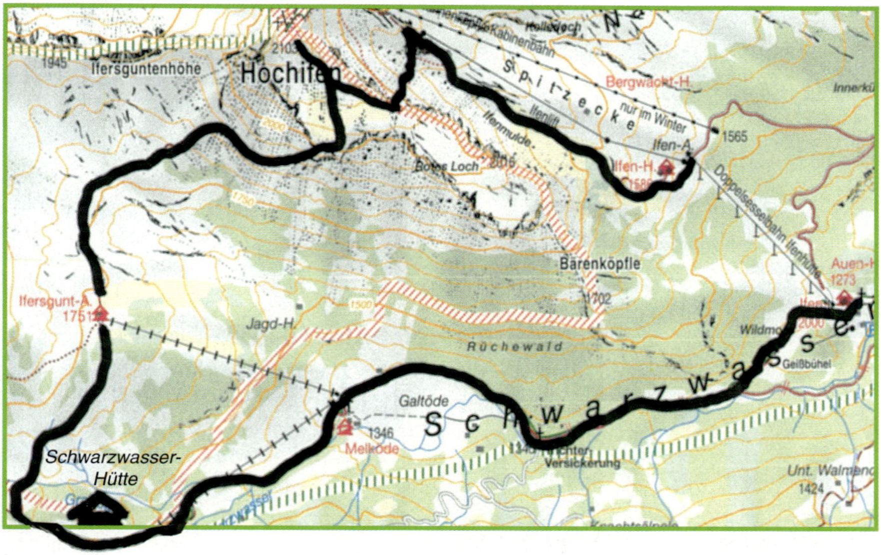

Nun wendet man sich auf einem ab Melköde befahrbaren Weg (Sondergenehmigung) östlich hinab zum Talgrund der Melköde (1346 m, bew.) und wandert gemütlich zur Auenhütte hinaus. An der Melköde kann man etwas abkürzen, indem man dem Steig über die Weidefläche folgt, statt auf dem Fahrweg zu bleiben. Wo dieser Steig wieder auf den Hauptweg trifft, gibt es eine interessante Versickerung des Schwarzwasserbaches zu sehen (Trichterversickerung).

Riezlern – Ifen

Tour 43 Kleinwalsertal

Kategorie	**1 bis 2 Stiefel**
Routenverlauf	**Mittelberg – Parkplatz Gasthof Schendle – Wildental – Fluchtalpe – Wannenalpe – Alpe Innerkuhgehren – Innere Wiesalpe – Parkplatz**
Höhenunterschied	**670 m**
Zeitaufwand	**4 1/2 bis 5 Stunden**
Einkehrmöglichkeiten	**Fluchtalpe, Innerkuhgehren, Innere Wiesalpe, Untere Wiesalpe, Bergheim Moser Aktuelle Öffnungszeiten erfragen!**
Auskünfte	**Kleinwalsertal Tourismus Hirschegg, Tel. 0 83 29/5 11 40**
Kartenmaterial	**Zumstein Wanderkarte Nr. 5, »Kleinwalsertal«, M 1:25 000, AVA Verlag, Porschestraße 2, 87437 Kempten**

Von Mittelberg fährt man zum Anfang des Wildentales und parkt auf dem Privatparkplatz beim Gasthof »Schwendle«. Dann wendet man sich auf dem Alpweg östlich und wandert in das lange Wildental hinein. Dabei ist der Höhenunterschied bis zur Fluchtalpe (1390 m, bew.) relativ gering. Gewaltig ist die Sicht auf die Schafalpenköpfe, über die der Mindelheimer Klettersteig verläuft. An der Fluchtalpe biegt man nördlich Richtung Fiderepaß Hütte ab und steigt etwa 400 Höhenmeter hinauf. Dann biegt nach links ein Steig ab, der zur Wannenalpe (1821 m, nicht bew.) führt. Nun wandert man über den langen aussichtsreichen Hang unterhalb des Schüssers nach Westen und erreicht die Alpe Innerkuhgehren (1673 m, bew.) Von ihr steigt man in einem Bogen zu den Wiesalpen

hinunter, von denen die Innere Wiesalpe (1298 m, bew.) und gleich danach die Untere Wiesalpe (1280 m, bew.) zur Einkehr verleiten. Dann folgt man dem Hinweg zum Parkplatz zurück. Eine sehr schöne, aussichtsreiche Wanderung, die etwas Ausdauer verlangt.

Wiesalpe – Mittelberg

Tour **44**

Kleinwalsertal

Kategorie	**1 Stiefel**
Routenverlauf	**Mittelberg – Zafernalift – Naturlehrpfad – Stutzalpe – Baader Höhenweg – Mittelberg**
Höhenunterschied	**Bergauf 100 m** **Bergab 270 m**
Zeitaufwand	**Ab Zafernalift Bergstation 3 1/2 Stunden**
Einkehrmöglichkeiten	**Bühlalpe, Stutzalpe, Gh. Alpenwald** **Aktuelle Öffnungszeiten erfragen!**
Auskünfte	**Kleinwalsertal Tourismus Hirschegg, Tel. 0 83 29/5 11 40**
Kartenmaterial	**Zumstein Wanderkarte Nr. 5, »Kleinwalsertal«, M 1:25 000, AVA Verlag, Porschestraße 2, 87437 Kempten**

Nach Auffahrt mit dem Zafernalift wendet man sich nach links und wandert relativ eben in südlicher Richtung hoch über Mittelberg. Entsprechend schön ist die Aussicht, vor allem auch ins Wildental und auf die umgebenden Felsgipfel. Bis zur Bühlalpe (1422 m, bew.) verläuft dieser Weg als Naturlehrpfad. Von der Bühlalpe wandert man westlich hinauf zur Stutzalpe (1550 m, bew.), was keiner großen Anstrengung bedarf. Von dieser gemütlich eingerichteten Sennalpe führt jetzt ein Weg südwestlich zum Baader Höhenweg hinab. Fühlt man sich noch in guter Form, so kann man ab der Einmündung rechts weg nach Baad und von dort zurück nach Mittelberg gehen. Ansonsten aber wendet man sich links ab und folgt dem Baader Höhenweg, der aussichtsreich nach Mittelberg zurückführt. Dabei kommt man am Gh. Alpenwald vorbei, das ebenfalls bewirtschaftet ist.

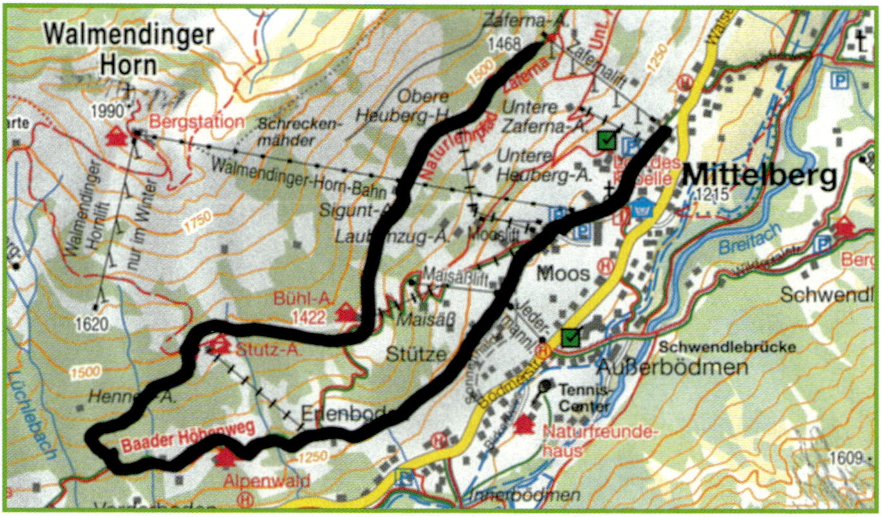
Walmendinger Horn
1990
Bergstation
Schrecken-
mähder
Obere
Heuberg-H.
Zaferna-A.
1468
Zafernalift
Untere
Zaferna-A.
Untere
Heuberg-A.
Walmendinger-Horn-Bahn
Naturlehrpfad
Sigunt-A.
Mittelberg
1215
Mooslift
Moos
Maisäßlift
Maisäß
Bühl-A.
1422
Stütze
Stütz-A.
Walmendinger Hornlift
nur im Winter
1620
1750
1500
1250
Breitach
Schwendlebrücke
Außerbödmen
Tennis-
Center
Naturfreunde-
haus
Baader Höhenweg
Alpenwald
Lüchlebach
Innerbödmen
1609

Alpsenn

Tour **45**

Tannheimer Tal

Kategorie	**2 Stiefel**
Routenverlauf	**Grän – Füssener Jöchle – Gräner Höhenweg – Aggenstein – Grän**
Höhenunterschied	**Bergauf 370 m** **Bergab 1040 m**
Zeitaufwand	**6 Stunden**
Einkehrmöglichkeiten	**Bergstation Gondelbahn, Sebenalpe, Bad Kissinger Hütte, Grän. Aktuelle Öffnungszeiten erfragen!**
Auskünfte	**Tourismusgemeinschaft Tannheimer Tal, Tel. 00 43 56 75/6 25 30** **Gondelbahn Füssener Jöchle, Tel. 00 43 56 75/63 63**
Kartenmaterial	**Zumstein Wanderkarte Nr. 7, »Tannheimer Tal«, M 1:25 000, AVA Verlag, Porschestraße 2, 87437 Kempten**

Nur noch selten zu sehen – »Hoinzen« im Tannheimer Tal

Nach Auffahrt mit der schönen neuen Gondelbahn aufs Füssener Jöchle (1821 m, bew.) wendet man sich links zum Gräner Höhenweg und steigt in nördlicher Richtung kurz an. Auf dem Sattel zwischen Sefenspitze und Lumberger Grat beginnt der Weg in den Kessel der Sebenalpe abzusteigen. Dann zieht er sich über die Weidegründe der Sebenalpe (1650 m, bew.) unschwierig in Richtung auf den Aggenstein zu, der sich als mächtiger Felsgipfel vor einem aufbaut. An der Sebenalpe trifft man auf einen Wegabzweig: östlich hinauf führt ein Steig auf das Vilser Jöchle, hinter dem man in das Kühbachtal und weiter nach Vils absteigen kann. Beim Weiterweg Richtung Aggenstein trifft man kurze Zeit später auf einen weiteren Ab-zweig, diesmal führt ein Weg nördlich um den Seichenkopf herum in das Engetal hinab.

Unsere Route steigt nun leicht an und erreicht nach einigen Serpentinen die Bad Kissinger Hütte (1788 m, bew.). Der Aufstieg zum Aggenstein dauert von hier noch etwa 50 Minuten. Erst im obersten Teil sind einige felsige Partien zu überwinden, wobei es eine Seilsicherung gibt. Die Aussicht vom Gipfel (1987 m) ist umfassend und lohnt den Aufstieg auf jeden Fall. Bis zur Bad Kissinger Hütte sind Auf- und Abstieg gleich. Danach biegt man auf dem Weg Nr. 411 rechts ab und steigt in vielen Kehren in das Engetal hinab.

Der Rückweg zum Parkplatz an der Gondelbahn schlängelt sich am östlichen Ortsrand von Grän/Neugrän dahin.

Höhenwandergebiete
Reuttener Seilbahnen
Hahnenkamm
Alpenblumengarten
• 552 verschiedene Alpenblumen in freier Natur
• Ein einmaliges Erlebnis!
Barfußwanderweg
• Mit nackten Füßen die Natur hautnah erleben
• NEU ab 6. Juli 2003
Tor zu Tirol
Ferienregion Reutte
Tirol
www.reuttetourism.at
Ski-, Flug-, Wandergebiet
NEUNERKÖPFLE
Tannheimer Liftgesellschaft
Tirol
Näheres erfahren Sie bei:
Reuttener Seilbahnen
Bergbahnstraße 18, A-6600 Höfen/Tirol
Tel.: 0043 (0)5672 62420
E-Mail: reuttener.seilbahnen@aon.at
www.reuttener-seilbahnen.at
Tannheimer Liftgesellschaft
A-6675 Tannheim/Tirol
Tel.: 0043 (0)5675 6260
E-Mail: lift-tannheim@tirol.com
www.lift-tannheim.at
NATUR PUR
Die 8er EUB Vogelhornbahn bringt Sie in
8 Minuten ins herrliche Höhenwandergebiet:
• Fernsicht bis zu 200 km
• Naturschutzgebiet Vilsalpsee
• 3 Seen-Wanderung
Tannheimer Tal
Sommerbetrieb vom 14. 6. bis 26. 10. 2003
(Oktober nur bei Schönwetter / Tannheim bis 2.11.03)

Aggenstein

Tour 46 Tannheimer Tal

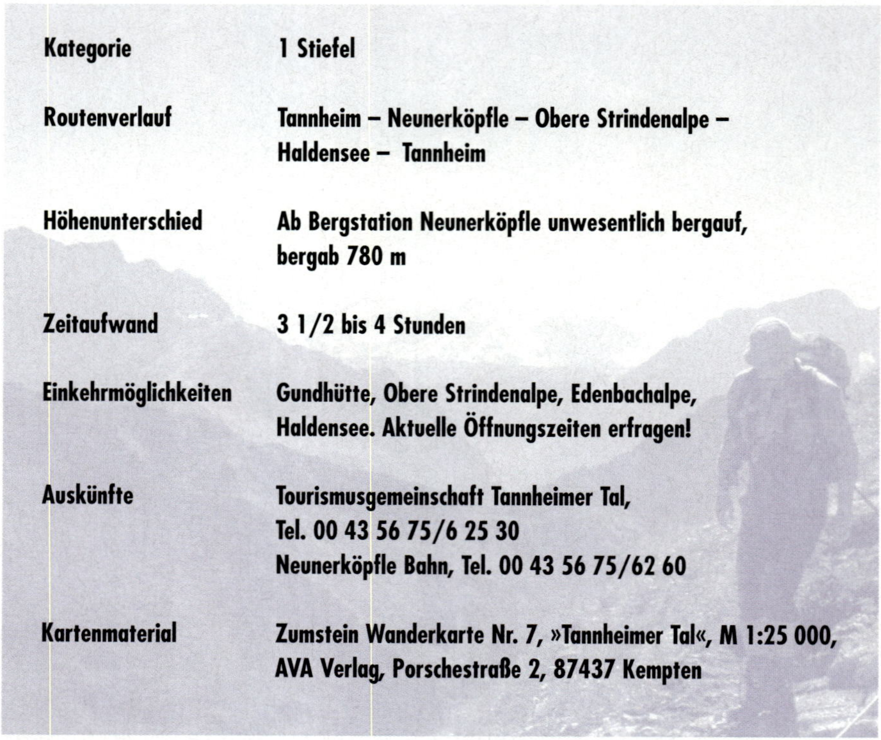

Kategorie	**1 Stiefel**
Routenverlauf	**Tannheim – Neunerköpfle – Obere Strindenalpe – Haldensee – Tannheim**
Höhenunterschied	**Ab Bergstation Neunerköpfle unwesentlich bergauf, bergab 780 m**
Zeitaufwand	**3 1/2 bis 4 Stunden**
Einkehrmöglichkeiten	**Gundhütte, Obere Strindenalpe, Edenbachalpe, Haldensee. Aktuelle Öffnungszeiten erfragen!**
Auskünfte	**Tourismusgemeinschaft Tannheimer Tal, Tel. 00 43 56 75/6 25 30 Neunerköpfle Bahn, Tel. 00 43 56 75/62 60**
Kartenmaterial	**Zumstein Wanderkarte Nr. 7, »Tannheimer Tal«, M 1:25 000, AVA Verlag, Porschestraße 2, 87437 Kempten**

Man fährt mit der Tannheimer Gondelbahn aufs Neunerköpfle (1862 m, Gundhütte bew.) hinauf und wendet sich dort in südlicher Richtung um das Vogelhörnle herum. Der Weg Nr. 31 zielt auf die Strinden-scharte unterhalb der Sulzspitze. Nach halber Distanz biegt nach links der Weg Nr. 30 ab, dem man folgt. Die bald erreichte Obere Strindenalpe (1650 m, bew.) kann zu einer Einkehr besucht werden. Von ihr folgt man nun entweder dem Fahrweg ins Strindenbachtal hinab, oder einer Abkürzung (Weg Nr. 421 a), die steiler ist. Eine weitere Einkehr verspricht etwas später die Edenbachalpe (1405 m, bew.). Der Weiterweg nach Haldensee kann wiederum entweder auf dem Fahrweg geschehen, oder über eine Abkürzung bei der Brücke über den Lanzetalbach. Wer in Haldensee nicht

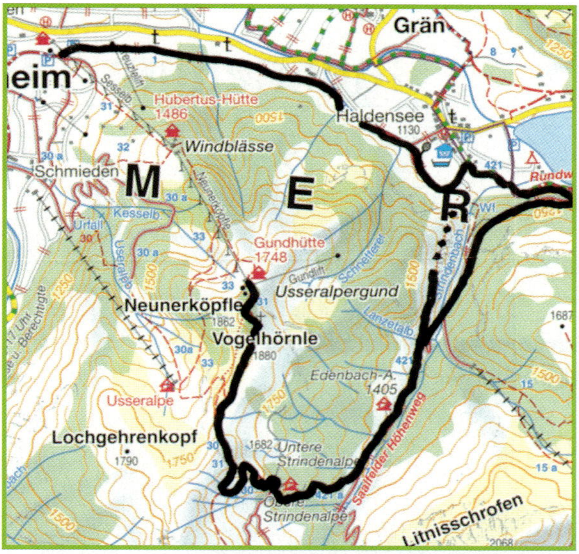

einkehren will, der folgt gleich dem südlich des Ortes durchführenden Weg und gelangt in einem weiten Bogen nördlich um das Neunerköpfle herum nach Tannheim zurück.

Tour 47

Tannheimer Tal

Kategorie	**2 Stiefel**
Routenverlauf	**Tannheim – Einstein – Gasthof Zugspitzblick – Zöblen – Tannheim**
Höhenunterschied	**800 m**
Zeitaufwand	**4 1/2 Stunden**
Einkehrmöglichkeiten	**Gasthaus Zugspitzblick, Schäferhütte** **Aktuelle Öffnungszeiten erfragen!**
Auskünfte	**Tourismusgemeinschaft Tannheimer Tal, Tel. 00 43 56 75/6 25 30**
Kartenmaterial	**Zumstein Wanderkarte Nr. 7, »Tannheimer Tal«, M 1:25 000, AVA Verlag, Porschestraße 2, 87437 Kempten**

Westlich von Tannheim liegt ein großer Parkplatz. Von ihm wandert man nach Berg hinüber und steigt dort über einen ausgeschilderten Weg Richtung Einstein. Er führt durch einen lichten Baumbestand, kreuzt einigemale den Fahrweg und steigt schließlich in vielen Serpentinen die Südseite des Einstein hinauf. Kurz vor dem Gipfel sind einige felsige Partien zu überqueren, was aber unschwierig ist. Der Gipfel (1867 m) bietet eine wunderschöne Aussicht auf das ganze Tannheimer Tal und die Berge im Süden. Auch nach den anderen Richtungen ist der Blick umfassend. Der Abstieg geht nun auf dem gleichen Weg ein Stück zurück. Etwa in Höhe von 1450 m biegt westlich ein Pfad ab, der schließlich in den Forstweg zum Gasthaus »Zugspitzblick« einmündet. Nun wandert man gemütlich durch Wald und über

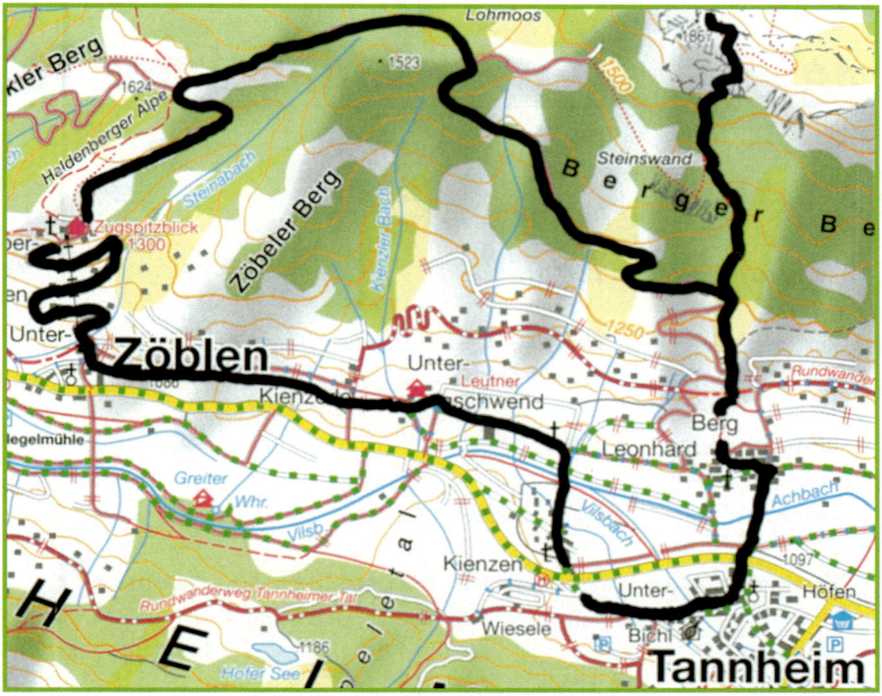

Lichtungen in einem großen Bogen bis zu dem Gasthaus hinüber (1380 m, bew.). Auch von hier ist der Blick ins Tal hinab bemerkenswert und bei Nachmittagssonne leuchten die Felsen der umgebenden Berge besonders hübsch. Anschließend steigt man nach Zöblen hinab und folgt dem Rundwanderweg zurück nach Tannheim.

Einstein

Tour **48**

Tannheimer Tal

Kategorie	2 Stiefel
Routenverlauf	Tannheim – Älpele – Feldalm – Vilsalpsee – Bus nach Tannheim
Höhenunterschied	720 m
Zeitaufwand	4 1/2 Stunden bis Vilsalpsee
Einkehrmöglichkeiten	Älpele, Gasthaus Vilsalpsee, Fischerstube, Vilsalpe Aktuelle Öffnungszeiten erfragen!
Auskünfte	Tourismusgemeinschaft Tannheimer Tal, Tel. 00 43 56 75/6 25 30
Kartenmaterial	Zumstein Wanderkarte Nr. 7, »Tannheimer Tal«, M 1: 25 000, AVA Verlag, Porschestraße 2, 87437 Kempten

Kienzen mit dem Geißhorn

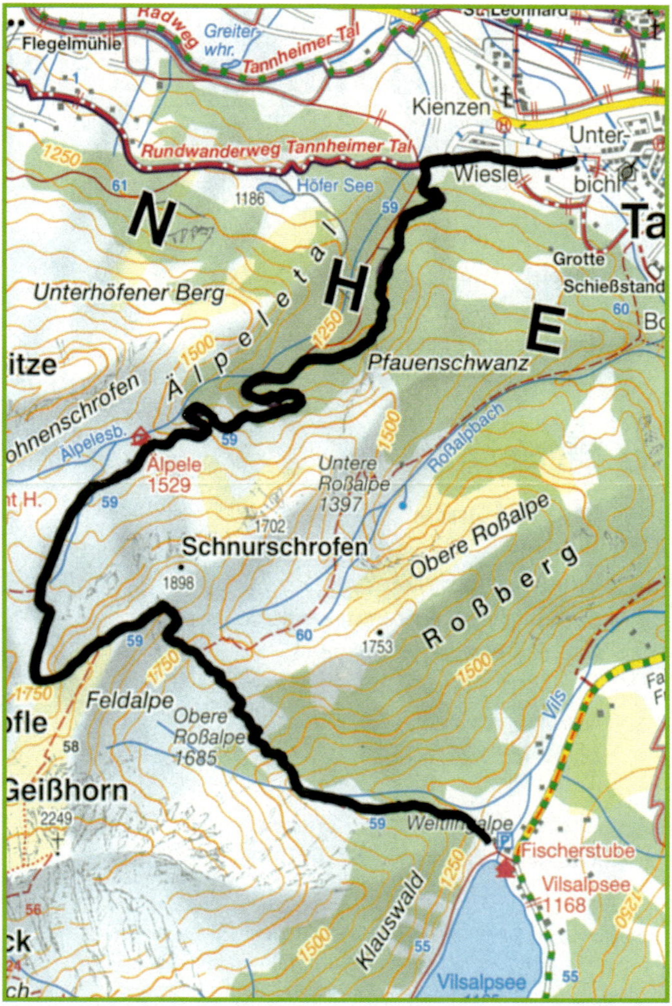

Vom Parkplatz westlich von Tannheim wendet man sich zu den neuen Häusern von Kienzen und steigt durch das Älpeletal südlich zum Älpele hinauf (1529 m, bew.). Bis hierher führt ein für den allgemeinen Verkehr gesperrter Fahrweg. Vom Älpele folgt man dem Weg Nr. 59 weiter und steigt im Schatten des Schnurschrofens auf das mächtige Geißhorn zu, biegt aber bei 1750 m Höhe nach links ab und gelangt in das Gebiet der Feldalpe. Sehr eindrucksvoll ist aus dieser Nähe der felsige Gipfelaufbau des Geißhornes (2249 m), der nicht einfach zu bezwingen wäre. Von der Feldalpe geht es jetzt östlich hinab zum Vilsalp-see, den man an seiner Nordseite erreicht. Hier kann man nicht nur einkehren, sondern auch Ruderboot fahren oder um den See herumwandern. Dabei ist am südlichen Ende noch einmal Gelegenheit in der Vilsalpe (1170 m, bew.) einzukehren. Nun wird man sich auch überlegen, ob man nach Tannheim zurück laufen oder mit dem Bus fahren möchte.

Zwischen 10 und 17 Uhr ist die Anfahrt zum Vilsalpsee für PKW gesperrt.

Tour **49**

Tannheimer Tal

Kategorie	**2 Stiefel**
Routenverlauf	**Nesselwängle – Gimpelhaus – Tiefjoch – Hahnenkamm – Nesselwängle**
Höhenunterschied	**930 m**
Zeitaufwand	**4 1/2 bis 5 Stunden**
Einkehrmöglichkeiten	**Gimpelhaus, Tannheimer Hütte, Schneetalalpe, div. Gasthöfe bei der Bergstation der Hahnenkammbahn Aktuelle Öffnungszeiten erfragen!**
Auskünfte	**Tourismusgemeinschaft Tannheimer Tal, Tel. 00 43 56 75/6 25 30**
Kartenmaterial	**Zumstein Wanderkarte Nr. 7, »Tannheimer Tal«, M 1:25 000, AVA Verlag, Porschestraße 2, 87437 Kempten**

Gimpelhaus

Westlich von Nesselwängle liegt ein Parkplatz. Von ihm führt ein ausgeschilderter Weg durch Wald und Lichtungen in vielen Serpentinen zum Gimpelhaus (1659 m, bew.) hinauf. Der Waldbestand, durch den der Weg hier früher verlief, hat unter den Orkanen der letzten Jahre stark gelitten. Einziger Vorteil: Die Aussicht von unterwegs ist besser geworden! Das Gimpelhaus liegt auf einer sonnigen Terrasse hoch über dem Tal. Der Weiterweg führt über Wegstück Nr. 415a zur Tannheimer Hütte (1718 m, bew.) und danach über Nr. 417 nach Osten. In etwa 1700 m Höhe mündet er in den vom Tal kommenden Weg Nr. 416 a. Man biegt links ab und folgt diesem hinauf zum Hochjoch (1754 m), das er in einem großen Bogen unterhalb der Schneidspitze erreicht. Zum Gipfel des Hahnenkammes (1938 m) muß man noch über den Ditzl (1817 m) und das Tiefjoch (1717 m). Die Einkehrmöglichkeiten liegen etwas östlich unter dem Gipfel.

Nun muß man wieder zurück bis zum Tiefjoch, wo man links abbiegt und über die Schneetalalpe (1600 m, bew.) in das Gebiet um den Kressebach absteigt. Als Weg Nr. 416 führt er jetzt weiter zurück nach Nesselwängle, wo man oberhalb des Ortes zum Parkplatz zurückkehren kann.

Tour **50**

Jungholz

Kategorie	**2 Stiefel**
Routenverlauf	**Jungholz – Sorgschrofen – Hintere Sorgalpe – Jungholz**
Höhenunterschied	**560 m**
Zeitaufwand	**4 1/2 bis 5 Stunden**
Einkehrmöglichkeiten	**Hintere Sorgalpe. Aktuelle Öffnungszeiten erfragen!**
Auskünfte	**Tourismusverband Jungholz, Tel. 0 83 65/81 20**
Kartenmaterial	**Zumstein Wanderkarte Nr. 7, »Tannheimer Tal«, M 1:25 000, AVA Verlag, Porschestraße 2, 87437 Kempten**

Sorgschrofen

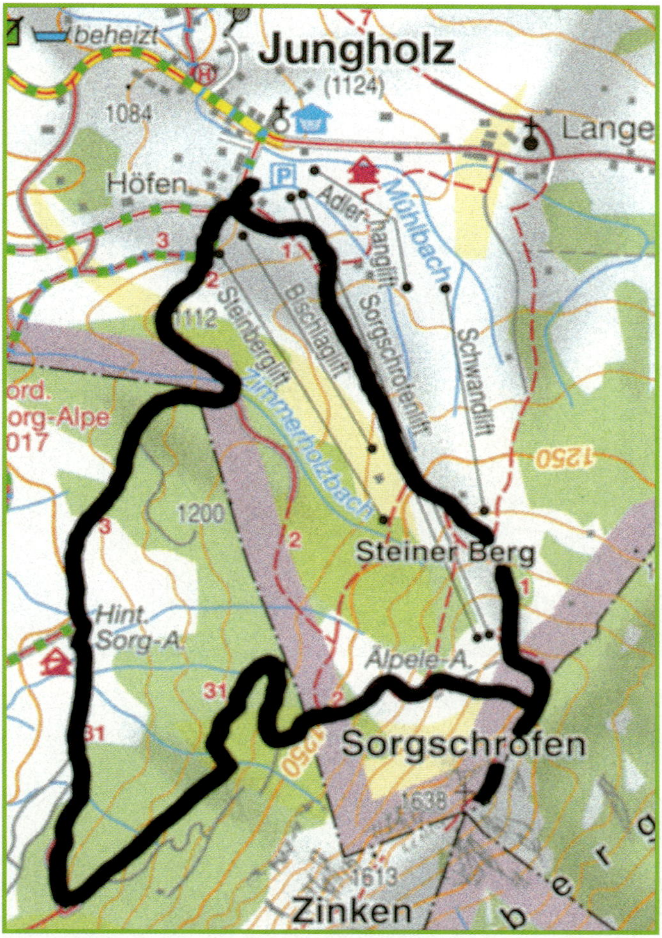

Vom großen Parkplatz in Jungholz wendet man sich auf dem Weg zwischen dem Bischlag- und den Sorgschrofenlift südlich bergan. Man hält auf den Sorgschrofen zu, der sich im Süden des Ortes wie eine mächtige Felsenmauer aufbaut. Der Weg führt über offenes Weidegelände, auf dem im Winter die bekannten Skiabfahrten sind. Erst im oberen Bereich wird die Tour etwas steiler. Wenn man den Grat erreicht hat, biegt der Weg in westliche Richtung um und führt durch einen Baumbestand zu schrofigem Gelände. Hier geht es in steilen Serpentinen aufwärts, in denen man aufpassen muss. Das Gipfelkreuz (1638 m) vermittelt als Standort einen Rundumblick, der den Aufstieg lohnend macht. Der Abstieg führt zunächst auf der gleichen Spur zurück, bis etwa dorthin, wo man den Grat wieder verlässt. Dort biegt man links ab und steigt zur sichtbaren Älpele Alpe (nicht bew.) hinab. Von ihr zieht sich zunächst ein Steig weiter abwärts, er mündet bald in einen Alpweg, dem man weiter abwärts folgt. Auf offenem Weidegelände trifft man später auf die Hintere Sorgalpe (1025 m, bew.).

Von ihr führt nun ein Weg in nördlicher Richtung nach Jungholz, das man bald wieder erreicht.

Vogelbeeren

Herbstenzian

Silberdistel